HEYNE BÜCHER

HEYNE KOCHBÜCHER

Inge Grieser

Das Neurodermitiker-Backbuch

Zahlreiche Rezepte zur Unterstützung des Heilprozesses bei Neurodermitis

Originalausgabe

WILHELM HEYNE VERLAG
MÜNCHEN

HEYNE KOCHBUCH
07/4683

Printed in Germany 1995
Umschlaggestaltung: Atelier Ingrid Schütz, München
Umschlagfoto: Studio Teubner, Füssen
Satz: Schaber Datentechnik, Wels
Druck und Bindung: RMO-Druck, München

ISBN 3-453-09378-X

Inhalt

Abkürzungen und Erklärungen:

EL = Eßlöffel
TL = Teelöffel
Msp = Messerspitze
g = Gramm
l = Liter
ml = Milliliter ($^{1}/_{1000}$ l, 1 g)
1 Tasse = $^{1}/_{8}$ l = 1 normale Teetasse

Alle Zutaten, die Sie im Supermarkt nicht bekommen, erhalten Sie im Reformhaus oder Naturkostladen.

Die Symbole im Rezeptteil haben folgende Bedeutung:

glutenfreie Backwaren

Backen für besondere Anlässe:

(G) Geburtstag

(W) Weihnachten

(O) Ostern

(F) Fasching (Karneval)

Einleitung

Die Zahl der Neurodermitiker, Asthmatiker und Allergiker ist in den letzten Jahren sprunghaft angestiegen. Insgesamt leiden inzwischen mehr als 25 Millionen Bundesbürger an einer dieser Krankheiten, und es deutet alles darauf hin, daß sich diese Entwicklung fortsetzt. Immer mehr Menschen reagieren allergisch auf Substanzen der Luft, der Nahrung, des Wassers, der Reinigungs- und Körperpflegemittel, die auf Dauer unser Immunsystem schwächen. Dies äußert sich durch häufige Infektionen der Haut, der Lunge, Nase, Ohren, Nebenhöhlen und des Darmes. Da unser Immunsystem ganz wesentlich vom Darm abhängt, liegt es nahe, durch eine gesunde Ernährung zur Heilung unseres Körpers beizutragen. Sowohl in individueller als auch ökologischer Hinsicht wird nach vielen übereinstimmenden Erkenntnissen eine vollwertige Ernährung mit hohem Rohkostanteil (möglichst aus kontrolliert biologischem Anbau) bei solchen Erkrankungen empfohlen. Auf raffinierte, konzentrierte, vitalstoffarme Nahrungsmittel sollte ebenso verzichtet werden wie auf Fertigprodukte mit hohem Anteil an Zusatzstoffen, Farb- und Konservierungsstoffen.

Hauptfehler in der Ernährung von Neurodermitikern/Allergikern ist der übermäßige Verzehr von Fleisch, Wurst, Milch, Milchprodukten, Eiern, Weißmehl, Zucker und Schnellgerichten. Die Nahrung ist somit stark eiweißüberschüssig, säurebildend, und es mangelt ihr an Vitaminen und Spurenelementen. Der Stoffwechsel ist gestört, das Immunsystem überlastet und das seelische Gleichgewicht gerät ins Wanken. Die Behandlung der Neurodermitis/Allergien muß demnach eine

ganzheitliche sein. Unterstützende Maßnahmen zur Stärkung des Immunsystems finden wir in der Ernährung, der konstitutionellen Behandlung, im Autogenen Training, in Meditation, Yoga und Atemtherapie.
Im Bereich der Ernährung sind viele verunsichert, wenn sie weder Fleisch, noch Milch zu sich nehmen sollen. In der breiten Bevölkerung hat sich, bedingt durch die alte Ernährungslehre, die Meinung festgesetzt, daß zur Deckung des täglichen Eiweißbedarfs die pflanzlichen Nahrungsmittel nicht ausreichend wären, daß sie gegenüber den tierischen Lebensmitteln nicht vollwertig seien. Es muß jedoch betont werden, daß auch pflanzliche Lebensmittel alle essentiellen (lebensnotwendigen) Aminosäuren enthalten und demnach auch vollwertig sind, vorausgesetzt, man ernährt sich abwechslungsreich, d. h. viel Gemüse, Obst, Vollgetreide und Naturreis, gekeimtes Getreide und Samen, pflanzliche Brotaufstriche, unraffinierte, kaltgepreßte Öle und Fette, Honig, Dicksäfte und Trockenfrüchte. Milch wird als wichtigster Calciumträger empfohlen. Wissen Sie auch, daß in Grünkohl, Broccoli, Sesam, Nüssen, Feigen, Datteln und verschiedenen Obstsorten Calcium in ausreichender Menge enthalten ist? Entsprechende Nährwerttabellen geben Ihnen darüber Auskunft. Es gibt inzwischen viele Wissenschaftler und Ärzte, die den Verzehr von Milch und Milchprodukten mit einer Vielzahl von Erkrankungen in Zusammenhang bringen, wie z. B. chronische Mandelentzündungen, Mittelohrentzündungen, Asthma, Bronchitis, Allergien und Migräne.

Dieses spezielle Backbuch für Neurodermitiker eröffnet den Müttern neue Möglichkeiten des Backens und die Erfahrung, daß Torten, Kuchen und Gebäcke auch ohne Milch und Eier sehr schmackhaft und ansprechend zubereitet werden können. Sicher finden sich auch unter den Nichtallergikern Anhänger dieser Backkunst.

Vorwort

Bei meinen Kindern Bernhard (9 Jahre) und Maximilian (8 Jahre) trat die Neurodermitis bereits in der 6. Lebenswoche auf. Durch langes Stillen und eine konsequente Ernährung ohne Milch und Milchprodukte (außer Sahne, Sauerrahmbutter und Crème fraîche), Eier, Fleisch, Zucker, Zitrusfrüchte und Nüsse (Cashewkerne und Mandeln ausgenommen), waren sie nach 2 Monaten bzw. 1 Jahr völlig beschwerdefrei. Die Haut mußte nicht einmal eingecremt werden, so glatt und geschmeidig war sie. Später kamen Heuschnupfen bzw. beim älteren Sohn Asthma hinzu, was wiederum zeigt, daß es sich um Krankheiten aus dem atopischen Formenkreis handelt, die aus einer gemeinsamen Veranlagung heraus und je nach Konstitution einmal auf der Haut (Neurodermitis), auf den Schleimhäuten (Nase, Augen, Lunge) oder im Darm (Durchfälle) auftreten.

Neben der vollwertigen vegetarischen Ernährung, waren es auch die homöopathische Konstitutionsbehandlung bzw. die Bach-Blüten-Behandlung und die mikrobiologische Therapie (Symbioselenkung), die das Immunsystem der Kinder so gestärkt haben, daß es ihnen inzwischen sehr gut geht. Selbstverständlich achten wir auf eine staubfreie, milbenreduzierte Umgebung der Kinder (glatte Böden, spezielle Betten), die Wäsche ist hauptsächlich aus Baumwolle. Wir verwenden hautverträgliche Wasch- und Körperpflegemittel, wir rauchen nicht, haben keine Haustiere und verbringen unseren Urlaub möglichst in den Bergen (über 1500 m) oder am Meer (im Süden).

Vom Angebot der Nahrungsmittel hinsichtlich Vielfältigkeit, sind wir bereits große Schritte vorangekommen. Durch vorsichtiges Herantasten mit geringen »Dosen«, die langsam gesteigert wurden, vertragen die Kinder viele Produkte, die vor wenigen Jahren noch undenkbar gewesen wären. Ich möchte damit allen Müttern und Betroffenen Mut machen, die Ernährungsumstellung als wichtigen Bestandteil der ganzheitlichen Behandlung von Neurodermitis/Allergien zu betrachten, anzunehmen und gemeinsam mit der ganzen Familie durchzuziehen. Es lohnt sich wirklich – noch dazu, wo sich die Ernährung dreimal täglich abspielt und die Kinder selbst feststellen können, was ihnen guttut oder nicht. Außerdem sollten Sie sich einen vertrauensvollen Arzt suchen, der gut mit Ihnen zusammenarbeitet und nicht bei jeder Erkältung oder jedem Husten sofort ein Antibiotikum einsetzt. Jede Antibiotika-Behandlung zieht den Darm in Mitleidenschaft und schwächt das Immunsystem.

Krankheiten wie Neurodermitis und Bronchialasthma können sich wieder verschlechtern oder gar neu ausbrechen. Ich empfehle Ihnen auch den Kontakt zu einer Selbsthilfegruppe, in der Sie ebenfalls Unterstützung finden.

Nun zu diesem Buch. Zahlreiche Mütter, die das Problem mit den geliebten Süßigkeiten und Kuchen (gerade bei älteren Kindern) kennen, haben mich gebeten, zusätzlich zu meinem »Kochbuch für Neurodermitiker« (Heyne-Taschenbuch Nr. 07/4648) ein spezielles Backbuch mit ausgewählten Rezepten ohne Milch und Ei – teilweise glutenfrei – zu schreiben. In monatelanger Arbeit setzte ich meine zahlreichen Ideen in die Praxis um und kann Ihnen nun dieses »Backbuch für Neurodermitiker« präsentieren, mit leckeren Rezepten, die sicher auch Ihren Geschmack und den Ihrer Kinder treffen werden. Es mag vielleicht Kritiker geben, die der Meinung sind, daß süße Gebäcke, Kuchen oder Torten nicht notwendig wären, aber wenn man davon ausgeht, daß Feierlichkeiten, ob in der

Familie, Kindergarten, Schule oder Freundeskreis stets mit einem gemeinsamen Essen verbunden sind, wären unsere Kinder immer in einer Außenseiterposition, weil sie durch den Verzehr herkömmlicher Produkte allergisch reagieren würden. Zudem ist es für die Gesamtkonstitution besser, wenn man etwas mit Freude genießt, als daß man es mit einem schlechten Gewissen verdrückt. Ich habe es mir angewöhnt, stets einzelne Kuchenstücke oder Gebäcke einzufrieren, damit ich bei solchen Feierlichkeiten meinen Kindern etwas anzubieten habe. Die Kinder empfinden es nicht als negativ, wenn sie ihr eigenes Stück Kuchen dabei haben, gehören sie doch trotzdem dem Kreise der Feiernden an.

Ich wünsche allen Personen, die sich für diesen Weg der Behandlung von Neurodermitis/Allergien entschlossen haben, viel Ausdauer und Erfolg im Heilungsprozeß und vor allem Spaß am Backen und vielleicht sogar am eigenen Experimentieren mit neuen Rezepten. Ich empfehle Ihnen deshalb, auch den theoretischen Teil mit den praktischen Hinweisen genau zu lesen. Sie erleichtern sich damit Ihre Umstellungsarbeit in der Küche. Bei uns hat es sich bewährt, daß die Kinder ab und zu selbst ein kleines Gericht zubereiten, zumindest aber den »Vorkoster« am Herd spielen dürfen. Dadurch gehen sie mit einer ganz anderen Einstellung an den Tisch. Trauen Sie sich ruhig, auch für Freunde oder Verwandte die »Spezialkost« ohne Vorwarnung anzubieten. Sie werden selten hören, daß es nicht geschmeckt hat!

An dieser Stelle möchte ich mich bei meinen Kindern Bernhard und Maximilian bedanken, die in bewundernswerter Weise, mit Selbstverständlichkeit und Konsequenz ihr Leben meistern. Ein besonderer Dank gilt auch meinem Mann, der sich nahtlos in unser Behandlungskonzept eingefügt und nie auf Sonderrechten bestanden hat.

Theoretische Einführung

Das Getreide

Seit mehr als 10000 Jahren gilt das Getreide für den Menschen als Grundnahrungsmittel. Leider hat sich in den letzten Jahrzehnten eine Abnahme des Getreideverbrauchs zugunsten von tierischen Produkten gezeigt. Der moderne Mensch hat neben der Herabsetzung des Getreideanteils in der Ernährung auch die Teile des Getreidekorns entfernt, die ihm wertlos erschienen, so z. B. die Schale und den Keimling, um ein neutrales, feines und helles Mehl zu erhalten; das Mehl für die sogenannten Feinschmecker.
Aufgrund des rasanten Anstiegs von ernährungsbedingten Zivilisationskrankheiten, wenden sich die Menschen wieder vermehrt einer naturbelassenen Nahrung zu, weil sie einsehen, daß eine vollwertige Ernährung für die Aufrechterhaltung der Gesundheit sehr wichtig ist.
Alle Wildgetreidearten und ihre ersten Kulturformen waren bespelzt. Erst bei späteren Züchtungen von Gerste, Weizen, Roggen und Hafer kamen sogenannte »Nackt«-Getreidearten hinzu, d. h. die Körner mußten nach der Ernte nicht mehr entspelzt werden.
Sehen wir uns ein Getreidekorn im Längsschnitt an, so wird erkennbar, daß dieses unter anderem aus einer Frucht- und Samenschale als äußerste Hülle besteht. Diese ist reich an Mineralstoffen, Spurenelementen, Vitaminen und Fermenten. Der in der Mitte des Korns sitzende Mehlkern beinhaltet zum

größten Teil Stärke. Zwischen Randschicht und Mehlkörper befindet sich die sogenannte Aleuronschicht, welche aus Kleber bzw. Gluten besteht. Schließlich fällt uns noch der wertvolle Keim auf, der 30 % Eiweißstoffe, 10 % Fett, Kohlenhydrate, Mineralien, Spurenelemente, Fermente und Vitamine enthält. Beim Ausmahlen des Mehls, also der Herstellung von Auszugsmehlen, werden Keim und Randschichten (Kleie) entfernt, wodurch gesundheitlich äußerst wichtige Inhaltsstoffe entfallen.

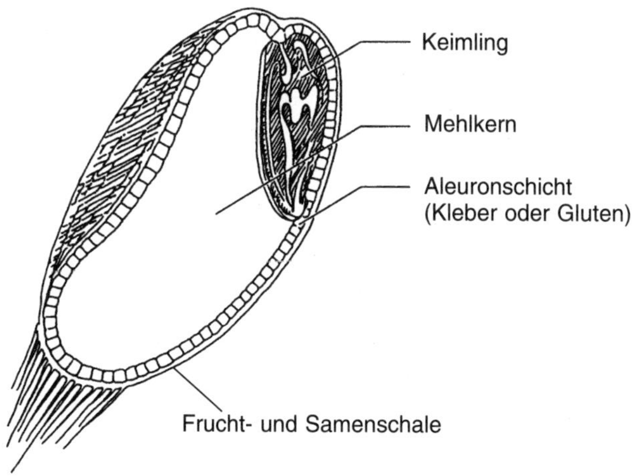

Jede Getreideart hat ihre eigene Zusammensetzung und somit ihren spezifischen gesundheitlichen Wert.

Die Inhaltsstoffe

- hoher Stärkegehalt ⟶ Energiequelle, Wärmespender
- wertvoller Eiweißlieferant ⟶ es sind essentielle Aminosäuren enthalten

- niedriger Fettgehalt, doch reichlich ungesättigte Fettsäuren, insbesondere Linolsäure → für den Fettstoffwechsel verantwortlich (Vit. E, Provitamine A + D, Lecithin)
- reichlich Ballaststoffe → Verdauung, Darmschleimhaut
- Mineralstoffe und Spurenelemente → Aufbau und Wachstum unserer Körperzellen, des Gewebes
- reich an Enzymen und Fermenten → wichtig für den Auf- und Abbauprozeß im Stoffwechsel
- reichlich Vitamine der B-Gruppe/A/E → für Haut, Haare, Nerven

Wird nun das Korn ausgemahlen, so unterscheidet man nach den Mehltypen.
Die Mehltype ist die Maßzahl für den Aschegehalt im Mehl, d. h.

> Die Typenzahl gibt an, wieviel Gramm Mineralstoffe in 100 g wasserfreiem Mehl enthalten sind.

z. B. Mehltype 405 = Auszugsmehl (Mehlkern)
1700 = Backschrot (Mehlkern mit Schale, aber ohne Keim)

Vollkornmehl oder -schrot enthalten 100 % aller Inhaltsstoffe. Also keine Typenbezeichnung!
Getreide kann man auch sehr gut keimen lassen. Eiweiß und Fett werden durch den Keimprozeß leichter aufnehmbar, und der Mineralstoffgehalt erhöht sich um ein Vielfaches, der Vitamin-C-Gehalt zum Teil gar um 500–600 %.

Gekeimtes Getreide wirkt im Körper basenbildend und ist ein Vitamin B_{12}-Lieferant (nach Viktoras Kulvinskas »Leben und Überleben – Kursbuch ins 21. Jahrhundert«, F. Hirthammer-Verlag).

Getreidearten-Übersicht

Brotgetreide	Weizen	enthalten Gluten
	Dinkel (Grünkern)	enthalten Gluten
	Roggen	enthalten Gluten
	Hartweizen	enthalten Gluten
Breigetreide	Gerste	enthalten Gluten
	Hafer	enthalten Gluten
	Hirse	frei von Gluten
	Reis	frei von Gluten
	Mais	frei von Gluten
	Buchweizen (= Knöterichgewächs)	frei von Gluten
	Quinoa	frei von Gluten
	Amaranth	frei von Gluten

Gluten ist das Klebereiweiß aus der Aleuronschicht, das bei Zöliakie/Sprue (Erkrankung des Dünndarms) nicht verwendet werden darf.

Typische Merkmale und Inhaltsstoffe der Getreidearten

HARTWEIZEN hat den höchsten Gehalt an Klebereiweiß und eignet sich sehr gut für die eifreie Küche. Durch eine höhere Konzentration von Gelbpigmenten ergibt er ein helles gelbes Vollkornmehl mit eher grießiger Beschaffenheit. Zum Brotbacken allein ist Hartweizen nicht geeignet, da er durch den hohen Kleberanteil das Brot zu flach und ledrig werden läßt. Anbaugebiete: Frankreich, Spanien, Italien, Süddeutschland.

WEIZEN gehört zu den ältesten Getreidearten, die wir kennen. Er hat sehr gute Backeigenschaften und zeichnet sich durch seinen milden Geschmack aus.

DINKEL ist eine alte Kulturform des Weizens, die aus Persien und Mesopotamien über den Balkan nach Mitteleuropa kam. Dinkel stellt keine Ansprüche an den Boden, und auch sein Ertrag läßt sich durch übermäßige Düngegaben nicht erhöhen. Deshalb konnte er im Intensivgetreideanbau, wo man auf Massenerträge Wert legte, nicht mithalten. Aufgrund seiner Anspruchslosigkeit wird er heute wieder gerne im naturnahen biologischen Anbau bevorzugt. Dinkelmehl ist heller als Weizenmehl und sehr angenehm im Geschmack. Verwendung findet es zum Backen, für alle Getreidezubereitungen, als Ganzkorn für Müsli oder zum Keimen, man kann Dinkel aber auch wie Reis als Beilage kochen. Bei vielen Weizenallergikern stellte man fest, daß sie Dinkel sehr gut vertragen. Dies sollte man jedoch vorher austesten lassen.

GRÜNKERN entsteht, wenn man Dinkelkörner »grün«, also 3-4 Wochen vor der Vollreife, erntet. Anschließend wird er mittels Heißluft gedörrt. Seinen pikanten Räuchergeschmack erreicht man durch zusätzliches Holzfeuer, dessen Rauch dem Korn sein Aroma verleiht. Grünkern ist nicht keimfähig und eignet sich zum Backen nur als Beigabe. Man verwendet ihn eher für Suppen, Saucen, Klöße, Bratlinge, Aufläufe, gekocht als Beilage oder für Salate.

KAMUT – Urweizen aus Ägypten – war vor mehr als 6000 Jahren das »goldene Korn« Ägyptens. Er war eine der ersten Kulturpflanzen überhaupt und wird von Botanikern als Triticum polonicum bezeichnet. Mit dem Niedergang der Hochkultur am Nil ist Kamut fast verschwunden. Er wurde nur noch vereinzelt und in geringen Mengen angebaut. Mitte der siebziger Jahre wurde er wiederentdeckt. Die Ähren des Kamut sind stark bespelzt, ähnlich wie bei Dinkel, er ist unberührt von züchterischen Kunstgriffen. Kamut läßt sich verwenden wie Weizen oder Dinkel. Von den Inhaltsstoffen her enthält er im Vergleich zu Weizen mehr Eiweiß, Fett, Eisen, Magnesium, Phosophor, Vitamin B_1, Niacin und doppelt soviele ungesättigte Fettsäuren. Bei Weizenallergikern hat man festgestellt, daß sie Kamut häufig recht gut vertragen. Dies sollten Sie aber mit Ihrem Arzt vorher abklären.

ROGGEN zählt zu den jüngeren Getreidearten. Erst vor 3000 Jahren wurde er im Vorderen Orient kultiviert. Er diente ausschließlich als Brotfrucht. Er hat einen herzhaften, würzigen Geschmack, guten Sättigungswert, und die Brote halten sich wesentlich länger frisch als Weizenbrote. Allerdings benötigt man mehr Zeit für die Teigbereitung bis hin zum Backen. Über die milchsaure Gärung (Sauerteig) benötigt der Teig konstante Wärme und mehr Aufmerksamkeit als Hefeteig.

GERSTE ist eine uralte, anspruchslose Kulturpflanze, die überall auf der Welt wächst. Sie wird heute hauptsächlich für die Bierbrauerei angebaut und als Viehfutter verwendet. Früher galt sie als Breigetreide armer Leute. Dabei enthält sie besonders viel Niacin, ein Vitamin des B-Komplexes, das wichtig ist für Nerven und Wachstum. Gerstenschleim wirkt lindernd bei Erkrankungen im Magen-Darm-Bereich. Gerste hat einen eher süßlichen Geschmack und eignet sich als Ganzkorn für Beilagen, zum Keimen, geschrotet für Breispeisen, gemahlen für Suppen, Saucen, Bratlinge, Klöße, Süßspeisen und Kleingebäck, als Zugabe zu Weizen-, Dinkel- oder Roggenvollkornmehlen für die Brotherstellung.

HAFER war jahrhundertelang Hauptnahrungsmittel der ärmeren Bevölkerung in Mitteleuropa. Sein Hauptanbaugebiet liegt in Norddeutschland. Ursprünglich handelte es sich um eine bespelzte Sorte (Spelzenhafer), die nach dem Dreschen durch Hitzebehandlung von den Hüllspelzen befreit wurde. Spelzenhafer ist nicht mehr keimfähig. In der Vollwerternährung bevorzugen wir den Nackthafer (Sprießkornhafer), eine spelzenfreie Züchtung; die Körner sind voll keimfähig. Von den Inhaltsstoffen her ist der Hafer das nähstoff- und vitalstoffreichste Getreide mit einem hohen Gehalt an ungesättigten Fettsäuren, an Eiweißen (mit allen essentiellen Aminosäuren), Mineralstoffen und Vitaminen. Er ist mild im Geschmack, leicht verdaulich und hilft bei Magen- und Darmbeschwerden. Er hat eine belebende Wirkung auf den menschlichen Organismus. Durch seinen Fettgehalt ist er nicht so lange lagerfähig. Ebenso läßt er sich schlecht in einer Stein-Getreidemühle mahlen. Hier muß man ihn entweder vorher bei 80 Grad im Backrohr darren oder man gibt ihn gemischt mit anderem Getreide in die Mühle. Fertighaferflocken werden aus den Haferkörnern des Spelzenhafers mit Dampf gequetscht; dadurch sind sie konserviert, und die Oxydation verzögert sich. Das Eiweiß wird hierbei aber bereits denaturiert. Aus diesem Grund werden Haferflocken von vielen Vollwertköstlern abgelehnt. Wir verwenden Hafer als Ganzkorn für Beilagen, Aufläufe, zum Keimen (Nackthafer), geschrotet oder gemahlen für Suppen, Saucen, Klöße, Bratlinge, Gebäcke, Konfekt und Süßspeisen.

HIRSE gehört zu den ältesten Kulturpflanzen der Erde. Sie wurde bis Anfang unseres Jahrhunderts auch in Deutschland angebaut, später jedoch durch ertragreichere Brotgetreidearten wie Weizen, Roggen, Gerste verdrängt. Heute wird sie noch in Afrika, Asien und Südamerika angebaut. Hirse läßt sich nicht sehr lange lagern, da sie durch ihren Fettgehalt schnell ranzig und bitter wird. Hirsemehl sollte also frisch vermahlen verarbeitet werden. Es eignet sich ausgezeichnet für Pfannkuchenteige, denn bedingt durch seine hellgelbe Farbe ergibt es einen hellen Teig und ist somit ideal für die Umgewöhnung von Weißmehl- auf Vollkornteige. Hirse ist reich an Vitamin B, Mineralstoffen und Kieselsäure, die positive Auswirkungen auf Haare, Haut und Augen hat. Verwendung findet sie als Ganzkorn gekeimt oder gekocht (als Beilage), für Bratlinge, Suppen, Aufläufe, gemahlen für Pfannkuchen, Gebäcke, Saucen und als Zusatz in glutenfreien Brot- und Kuchenteigen.

REIS ist das Getreide Asiens. 90 % der Weltreisernte stammen aus Asien, der Rest aus Brasilien, USA und Europa. Das Reiskorn muß nach dem Erntedrusch geschält werden. Naturreis ist so schonend geschält, daß der Keim und das Silberhäutchen – somit wichtige Nährstoffe – erhalten bleiben. Nur so ist er noch keimfähig. Es gibt Langkorn-, Mittelkorn-, und Rundkornreis. Aufgrund des Ölgehaltes in Keim und Silberhäutchen läßt sich Naturreis nur ca. 2 Monate lagern, da er sonst ranzig wird. Die Kochzeit ist fast doppelt so lange wie bei geschältem Reis, doch kann man sie auf ca. 5–15 Minuten verkürzen, wenn man den Reis über Nacht einweicht. Vollreis läßt sich nicht mit Milch oder Sojamilch garen. Dies hängt mit der Gerinnung des Eiweißes zusammen. Man setzt ihn deshalb mit Wasser zu und gibt vor Ende der Garzeit Sahne oder Sojamilch dazu.
Reis verwendet man wie die anderen erwähnten Getreidesorten, außerdem nimmt man Reismehl mit Wasser zubereitet als Milchersatz für Allergiker.

MAIS stammt ursprünglich aus Südamerika und ist inzwischen mengenmäßig, neben Weizen und Reis, die wichtigste Getreideart auf der Welt. Mais wird hauptsächlich als Futtergetreide angebaut. Er enthält weniger Eiweiß als andere Getreidearten, doch in Kombination mit Hülsenfrüchten erhöht sich sein biologischer Wert, d. h. der Körper kann das Eiweiß voll ausnützen. Vom Mais ißt man die ganzen Körner frisch oder getrocknet als Popcorn, aus Maisgrieß oder Polenta stellt man Breie, Gebäcke, süß und pikant, her. Aus Maismehl bereitet man Fladen, Klöße und Pfannkuchen zu. Maisstärke nimmt man zum Binden von Saucen oder für Puddings. Maismehl oder -grieß sind nicht lange lagerfähig. Es ist besser, den Mais frisch vor der Verwendung zu mahlen (Stahlmühle).

BUCHWEIZEN ist ein aus Asien stammendes Knöterichgewächs und nicht verwandt mit dem Weizen. Bei uns wird er in Heide- und Moorgegenden Norddeutschlands angebaut. Bei der Abtrennung der ungenießbaren schwarzen Schale ist es unvermeidbar, daß das Samenkorn beschädigt wird. Wegen der schnellen Oxydation sollte Buchweizen nicht zu lange gelagert werden. Buchweizen ist leicht verdaulich, er hat einen pikanten Geschmack, enthält hochwertiges Eiweiß, Vitamine, Mineralstoffe, Kieselsäure und Lecithin. Verwendung für Beilagen als ganze Körner, als Grieß oder Mehl für Suppen, Saucen, Klöße, Aufläufe, Bratlinge, Pfannkuchen oder Brotaufstriche.

QUINOA (sprich: kinwa) ist ein Reismeldengewächs aus Südamerika. Ähnelt im Aussehen der Hirse, nur sind die Körner halb so groß wie die der Hirse. Beim Kochen platzen die Körner auf, das Innere kehrt sich nach außen. Quinoa hat einen hohen Gehalt an Eiweiß, besonders Lysin, eine essentielle Aminosäure. Außerdem finden wir mehrfach ungesättigte Fettsäuren, Kalium, Calcium, Magnesium und Eisen, Vitamine B/C/D/Carotin. Quinoa kocht man mit der dreifachen Menge Wasser auf und läßt es ca. 15 Minuten bei geringer Hitze ausquellen. Je nach Geschmack kann man es dann süß oder pikant abgeschmeckt weiterverarbeiten – als Hauptgericht, Beilage, Müsli, Nachspeise oder Brotaufstrich.

AMARANTH stammt aus Mittelamerika und gehört zur Gattung der Fuchsschwanzgewächse, ähnlich dem Buchweizen. Es sind 1 mm kleine Samenkörner. Vergleich zu Hirse: 2,3 mm. Der Lysingehalt ist dreimal so hoch wie bei Weizen. Aus Amaranth läßt sich ähnliches wie Popcorn herstellen, die Verwendung in der Küche ist wie bei Hirse oder Quinoa.

Alternativen für Milch, Ei und Zucker

Ersatz von Milch und Milchprodukten

Anstatt Kuhmilch können Sie bei Verträglichkeit **Sojamilch, Mandel-** oder **Cashewmilch** (10 g Mandelmus oder Cashewmus, 100 ml Wasser, 1 Banane in einem Mixer pürieren und auf Trinktemperatur erwärmen), **Schaf-** oder **Ziegenmilch, Sahne-Wasser-Gemisch** (Verhältnis 1 : 3), **Getreidemilch** (200 g grobgemahlenes Getreide mit $1^1/_2$ l Wasser vermischt über Nacht stehenlassen. Durch ein feines Sieb streichen und die Getreidemilch einmal aufkochen. Abschmecken mit etwas Süßungsmittel bei Bedarf), **Reismilch** (50 g Reismehl, 1 l Wasser, 1 Prise Salz in einem Topf verrühren und einmal aufkochen. Abschmecken mit etwas Süßungsmittel bei Bedarf) oder **Kokosmilch** (100 g Kokosflocken mit $^1/_2$ l Wasser einige Stunden stehenlassen, einmal aufkochen, abkühlen lassen. Durch ein feines Sieb streichen, eventuell süßen und im Kühlschrank aufbewahren) verwenden. Aus **Ziegen-, Schaf-** und **Sojamilch** lassen sich mit speziellen Joghurtfermenten aus dem Naturkostladen oder dem Reformhaus Joghurts herstellen. Anstatt Quark nehmen Sie **Tofu** (**Sojaquark**), den Sie am besten vor der Verwendung mit etwas Wasser oder **Sojamilch** pürieren, dadurch wird er cremiger. Aufgrund des sehr niedrigen Eiweißgehaltes

vertragen Neurodermitiker auch **Sahne, Sauerrahmbutter** und **Crème fraîche** recht gut.
Als Alternative für Butter bietet sich aber auch eine reine, **milchfreie Pflanzenmargarine** aus dem Reformhaus oder Naturkostladen an. Zum Braten verwendet man **kaltgepreßtes Olivenöl, ungehärtetes Kokosfett** oder **Butterschmalz.** Als Ersatz für geriebenen Käse können Sie **Gouda** von **Schaf** oder **Ziege** nehmen. Vorsicht hierbei aber für Schimmelpilzallergiker! Zum Überbacken eignen sich verrührter **Tofu, Mandel-** oder **Sesamsauce.**

Ersatzbindemittel

Als Ei-Ersatz nehmen Sie **Sojamehl** oder **Lecithin** (Reformhaus). Als Faustregel gilt: 1 gehäufter Eßlöffel Sojamehl mit etwas Wasser verrührt ersetzt 1 Ei. Bei Verwendung von Lecithin beachte man die Gebrauchsanweisung.
Johannisbrotkernmehl oder **Guarkernmehl** (Reformhaus und Naturkostladen) eignen sich gut zum Binden kalter Speisen. Sie sind sparsam im Verbrauch.
Hartweizenmehl läßt sich aufgrund seiner Klebereigenschaften und des gelben Aussehens gut als Ei-Ersatz verwenden, ebenso **Buchweizenmehl.**
Beim Backen erreicht man eine zusätzliche Lockerung durch gutes Kneten und durch eine Zugabe von kohlensäurehaltigem Mineralwasser.
Zum Brotbacken (auch für glutenfreie Brote), für Kuchen, Gebäck und Semmelteige kann man sehr gut **Pfeilwurzmehl** (Arrowroot) als Ersatzbindemittel verwenden. Dies ist ein rein stärkehaltiges, neutrales weißes Bindemittel aus dem exotischen Pfeilwurzelstock. Für 1 kg Brot reichen ca. 40 g Arrowroot, das man vorher mit etwas kaltem Wasser anrührt und dann zum Teig gibt.
Kartoffeln gekocht, erkaltet und zerdrückt sind wegen ihres

hohen Stärkegehalts ein ideales Bindemittel für glutenfreie Brote. Pro kg Brot reichen 2–3 Kartoffeln, um den Brotteig zusammenzuhalten.
Für die Tortenherstellung sei noch das **Geliermittel Agar-Agar** (aus getrockneten Meeresalgen) erwähnt, das Sie statt Gelatine (tierisches Produkt) verwenden können. Agar-Agar ist sparsam im Gebrauch, die Gelierkraft ist zehnmal größer als die der Gelatine. Ich verwende Agar-Agar für Marmeladen, Grützen, Tortenfüllungen und Tortenguß. Für $^1/_2$ Liter Flüssigkeit oder 500 g Masse rechnet man 1 Teelöffel Agar-Agar. Es muß 1–2 Minuten gekocht werden, damit es geliert.

Alternative Süßungsmittel

Als Süßungsmittel bieten sich an: Honig (allerdings Vorsicht bei Pollenallergikern), Ahornsirup, Birnen- bzw. Apfeldicksäfte oder Ursüße. In geringen Mengen kann man auch den Diätzucker Sionon verwenden. Dieser enthält den Zuckeraustauschstoff Sorbit, der aus Maisstärke gewonnen wird.
Zum Kuchen- oder Plätzchenbacken eignet sich sehr gut das Apfel-Birnen-Kraut (marmeladenähnlicher Brotaufstrich). Trockenfrüchte (ungezuckert und ungeschwefelt) oder frisches, süßes Obst finden in der Vollwertbäckerei ebenso Verwendung. Als Trockenfrüchte eignen sich hierbei besonders Äpfel, Birnen, Bananen, Zwetschgen und Rosinen.

Backtriebmittel zur Teiglockerung

Backpulver

Verwenden Sie Weinsteinbackpulver, denn dieses ist phosphat- und glutenfrei. Es besteht aus Weinstein, Natron und Maisstärke. Sollte eine Maisunverträglichkeit vorliegen, so können Sie eine eigene Mischung herstellen aus 20 g Natron (Natriumbicarbonat, aus der Apotheke) und 100 g Kartoffelmehl. In einer gut verschlossenen Dose können Sie diese Mischung gut 3 Monate aufbewahren.

Backpulver sollte man erst kurz vor dem Backen zugeben. Es verhindert sonst die Fermentierung des im Vollkornmehl enthaltenen Phytins und somit die Aufnahme von Mineralstoffen und Spurenelementen. Aus diesem Grund soll man Vollkornteige immer mindestens $^{1}/_{2}$ Stunde quellen lassen, noch besser wären 1–2 Stunden.

Hefe

Bei Verwendung von Vollkornmehl reicht es, für den Gärvorgang Hefe, Wasser und Mehl anzurühren, da im vollen Korn mehleigene Zuckerstoffe enthalten sind, die die Gärung vorantreiben. Bei Hefeteigen ist die Flüssigkeitsmenge ca. 70% zur Mehlmenge, d. h. auf 1 kg Vollkornmehl gibt man ca. 700 g Flüssigkeit. Hierbei müssen Sie natürlich den Honig bzw. die Dicksäfte berücksichtigen. Die Flüssigkeit sollte man am besten abwiegen und nicht messen. Hefeteige können warm und kalt gehen. Die »kalte Tour« dauert etwas länger (Sie können den Teig über Nacht in den Kühlschrank stellen), aber man benötigt teilweise bis zur Hälfte weniger Hefe. Für Leute, die Hefe in größeren Mengen nicht vertragen, ist die langsame kalte Tour mit weniger Hefe ratsamer. Wichtig ist auch, daß der Hefeteig mindestens zweimal kräftig durchgeschlagen wird, damit eine gute Bindung und Lockerung gewährleistet ist. Nach dem Formen, aber vor dem Backen, sollte er noch einmal ruhen, damit er wieder aufgehen kann. Hefegebäcke müssen nicht unbedingt in den vorgeheizten Backofen gegeben werden.

Roggensauerteig (Milchsäuregärung)

Für den Sauerteigansatz benötigt man Vollkornroggenmehl, Wasser, gleichbleibende Wärme (28–30 Grad) und Luft (Bak-

terien aus der Luft). Bei der Gärung entsteht hauptsächlich Milchsäure, aber auch Essigsäure. Wird der Teig zu kalt geführt, bildet sich zuviel Essigsäure. Dies ist ebenfalls ein Grund, warum man den Sauerteigansatz nicht zu lange im Kühlschrank aufbewahren soll. Er riecht dann unangenehm essigsauer.
Die entscheidende Triebleistung im Sauerteig vollbringen die Sauerteighefen. Sie zerlegen mit Hilfe von Enzymen den Traubenzucker in Alkohol und Kohlendioxyd, die sich bei Wärme ausdehnen, entweichen und dabei den Teig lockern.
Tip für Roggenallergiker: Sie können ebenso aus Weizen- oder Dinkelmehl einen Sauerteig ansetzen. Dieser läßt sich leider nicht so oft als »Starter« für den Vorteig verwenden.

Sauerteig-Extrakt

ist ein getrocknetes Konzentrat aus Roggensauerteig. Durch den Trocknungsvorgang sind die Milchsäurebakterien nicht mehr vermehrungsfähig, deshalb muß etwas Hefe als Triebmittel zugesetzt werden. Die Essigsäure verdampft beim Trocknungsvorgang, deshalb ist es angeraten, auf 1 kg Mehl 1 Eßlöffel Essig zu geben.
Vorteil: Noch am selben Tag können Sie ein Sauerteigbrot backen.
Nachteil: Geschmack und Haltbarkeit werden nicht annähernd erreicht, es ist kein Ersatz für ein Mehrstufen-Sauerteigbrot.

Sekowa-Backferment (gibt es auch glutenfrei)

Dieses Brot gelingt mit allen Getreidesorten und ist besonders für magen-darmempfindliche Menschen geeignet. Es ist ein Granulat aus Weizenschrot und Honig. Grundlage des glutenfreien Backferments sind Maismehl und Honig. Aus diesem Granulat stellt man einen Grundansatz her (der übrigens sehr ergiebig ist und sich bis 6 Monate im Kühlschrank lagern läßt),

von dem man pro kg Vollkornmehl 1 gehäuften Teelöffel als Starter wegnimmt und 1 Teelöffel des Granulats. Der Backfermentteig riecht angenehm milchsauer.
Sie können aus dem Teig Brote, Fladen, Semmeln, Brezen oder kuchenartige Gebäcke herstellen.
Falls Sie Eier gut vertragen, können Sie diese als Bindemittel verwenden. Das hat den Vorteil, daß die Gebäcke sehr gut aufgehen und auch nicht so trocken werden.
Den Pollenallergikern, die keinen Honig vertragen, kann ich nur raten, es einmal auszuprobieren. Mein jüngerer Sohn, der sonst sehr stark auf Honig reagiert, verträgt dieses Brot ausgezeichnet.

Praktische Tips zum Backen mit Vollkorn

- Das Getreide sollte möglichst frisch gemahlen verwendet werden, damit wertvolle Inhaltsstoffe nicht verlorengehen. Außerdem hat es den Vorteil, daß der Teig durch das gemahlene, leicht erwärmte Vollkornmehl eine gute Startertemperatur erhält.
- Damit eine gute Verwendung der Getreideinhaltsstoffe im Körper stattfinden kann, sollte man den Teig mindestens $^{1}/_{2}$ Stunde (bei Haferflocken) bis 3 Stunden ruhen lassen. Das im Getreidekorn enthaltene Phytin bindet Mineralstoffe wie Calcium und Magnesium an sich und verhindert dadurch deren Aufnahme über den Darm. Während der Ruhe- oder Quellzeit des Teiges wird das Enzym Phytase wirksam, indem es das Phytin aufspaltet; die Mineralstoffverwertung ist somit nicht gefährdet.
- Für die Teigzubereitung mit Vollkornmehl brauchen Sie mehr Flüssigkeit als bei Verwendung von Weißmehl, da Vollkornmehl eine größere Quellfähigkeit hat.

- Zum Ausrollen der Vollkornteige verwenden Sie eine Plastikfolie (aufgeschnittener Gefrierbeutel), in die Sie den Teig einschlagen können. Dadurch benötigen Sie kein zusätzliches Mehl, das den Teig nur noch trockener werden ließe.
- Die Backformen oder das Backblech sollten Sie einfetten und eventuell auch bemehlen.
- Bei Hefe- und Brotteigen ist es sehr wichtig, den Teig nach jeder Ruhezeit und bevor er geformt wird kräftig durchzukneten.
- Wenn Sie Brot backen, sollten Sie den Ofen immer gut vorheizen und eine Schüssel mit Wasser auf den Herdboden stellen. Der Teig kann noch etwas aufgehen und bekommt eine schöne Kruste.
- Das fertige Brot aus der Form nehmen, mit dem Zeigefingerknöchel auf die Unterseite des Brotes klopfen. Klingt es hohl, so ist das Brot fertig. Das Brot mit kaltem Wasser gut einpinseln und auf dem Gitter im Backrohr ohne Backform noch etwas nachtrocknen lassen. Dadurch bekommt es eine schöne Kruste.
- Mürbeteigböden oder andere Tortenböden, die man durchschneiden will, sollte man am Vortag backen. Erstens sind sie gut ausgekühlt und zweitens bröseln sie beim Durchschneiden nicht so sehr.
- Um ein Austrocknen der Teigoberfläche bei Broten zu verhindern, muß der Teig in der Form vor dem Einschieben in den Backofen mit angefeuchteten Händen glattgestrichen und nach Belieben mit Butter, Sahne oder Sojamilch bestrichen werden. Letzteres bringt eine schöne goldene Farbe auf das Brot.
- Wenn Sie Rosinen oder andere zerkleinerte Trockenfrüchte in den Teig geben wollen, so ist es ratsam, sie zuerst in etwas Mehl zu wenden. So sinken sie nicht so leicht zu Boden.
- Sesam oder Sonnenblumenkerne röstet man in einer Pfanne ohne Fett, wobei die Samen immer wieder gewendet wer-

den. Die mittlere Heizstufe ist ausreichend, denn sonst verbrennen die Samen sehr schnell.

- Bei Weizenunverträglichkeit hat man festgestellt, daß betroffene Personen sehr häufig Dinkel oder Kamut (Urweizen aus Ägypten) vertragen. Sie können aber auch auf glutenfreie- oder roggenhaltige Backwaren ausweichen.
- Bei Roggenunverträglichkeit verhält es sich ähnlich. Sie können anstatt des Roggens alle anderen Getreidearten verwenden, es sei denn, Ihr Arzt hätte noch andere Getreideallergien festgestellt. Bei Broten aus der Bäckerei müssen Sie übrigens ganz genau nach der Zusammensetzung fragen, denn oft ist in einem Weizen- oder Dinkelvollkornbrot auch ein Roggenanteil von wenigen Prozent enthalten.
- Wenn Sie das Gefühl haben, die Backwaren seien noch zu wenig süß, können Sie zur Überbrückung (Ihre Geschmacksnerven stellen sich sehr schnell um) mit etwas Süßstoff nachsüßen, ohne dadurch die Beschaffenheit des Teiges zu verändern. Dies sollte aber nicht zur Gewohnheit werden, da die gesundheitliche Unbedenklichkeit von Süßstoffen ja umstritten ist.

Begriffserläuterungen

Agar-Agar ist ein pflanzliches Geliermittel, das aus Rotalgen gewonnen wird. Die strauchartigen Pflanzen wachsen auf dem Meeresboden. Sie werden sorgfältig gereinigt, gekocht, nicht verwendbare Fasern aussortiert, getrocknet und zuletzt vermahlen oder in Fäden geschnitten. Agar-Agar ist eine gesunde Alternative zu der aus Knochen und Tierhäuten hergestellten Gelatine. Agar-Agar ist geschmacksneutral, farblos und läßt sich für viele Speisen zum Gelieren oder

Andicken verwenden. Agar-Agar muß in der Flüssigkeit ca. 2 Minuten kochen, damit es gelieren kann. Der Gelierprozeß erfolgt dann beim Abkühlen ab 45°. Für Saucen oder andere heiße Speisen ist es nicht geeignet. Agar-Agar findet Verwendung für fruchtige Brotaufstriche, Puddings, Tortenfüllungen, Grützen, Pasteten, Mousses und Cremespeisen.

Arrowroot oder Pfeilwurzelmehl ist ein rein pflanzliches Bindemittel, das aus der Wurzel der Pfeilpflanze gewonnen wird. Die tropische Pfeilpflanze wächst vornehmlich auf der Antilleninsel St. Vincent und wird das ganze Jahr über kultiviert. Es ist ideal zum Binden für glutenfreie Backwaren, für Suppen, Saucen, Puddings, Nachspeisen und Grützen. *Es eignet sich nicht zum Binden kalter Speisen,* da man es wie Agar-Agar aufkochen bzw. hier auch in den Teig einarbeiten muß.

Backtriebmittel siehe Seite 25.

Biobin oder Johannisbrotkernmehl ist ein kalorienarmes, geschmacksneutrales pflanzliches Bindemittel ohne Kohlenhydrate, das aus den Fruchtkernen des Johannisbrotbaumes gewonnen wird. Es findet Verwendung für kalte und warme Speisen. Ein Zusatzstoff, nämlich Calciumlactat E327, ist enthalten. Es handelt sich hierbei um das Calciumsalz der Milchsäure, das als Antioxidans dient.

Bourbon-Vanille siehe Vanille.

Carobpulver wird durch Mahlen der süßen Früchte des Johannisbrotbaumes gewonnen und hat einen schokoladenähnlichen Geschmack. Man verwendet es als Alternative für Kakao. Es ist erhältlich in Reformhäusern oder Naturkostläden.

Diätzucker — Hierbei achte man auf solche, die den Zuckeraustauschstoff Sorbit enthalten und keinen Fruchtzucker. Sorbit wird aus Maisstärke gewonnen.

Guarkernmehl — wird aus der Saat der Guarpflanze gewonnen und ist ein Bindemittel für kalte Speisen, wie Sahne, Desserts, Eiscreme, kalte Suppen, kalte Saucen, kalte Tortenfüllungen. Die Anbaugebiete sind Indien und Pakistan.

Johannisbrotkernmehl — siehe Biobin.

Kamut — siehe Getreidearten, Seite 18.

Mehl-Mix glutenfrei — wird in Reformhäusern oder Naturkostläden angeboten. Es handelt sich um ein diätetisches Lebensmittel, das zur besonderen Ernährung bei Zöliakie/Sprue und sonstigen Glutenunverträglichkeiten verwendet wird. Es läßt sich für Brote, Semmeln, Kuchen und Kleingebäck verwenden. Die hergestellten Produkte sollten aber möglichst frisch gegessen werden, da sie schneller trocken werden als die herkömmlichen Getreideprodukte.

Nigari — wird als Gerinnungsmittel bei der Tofuherstellung verwendet. Es ist ein japanisches Produkt, das aus Meersalz gewonnen wird. Dabei wird das Meersalz in Säcken zum Trocknen an die Sonne gehängt. Die Flüssigkeit, die beim Trocknungsvorgang aus den Säcken tropft, wird in Salzbooten aufgefangen und getrocknet. So erhält man Nigari, das noch reichlich Magnesium und Spurenelemente enthält.

Okara ist die japanische Bezeichnung für die Sojabohnenreste bei der Sojamilchgewinnung. Man kann es geröstet ins Müsli geben, als lockernde Zutat in den Brotteig oder für Nachspeisen verwenden.

Pecorino ist ein aus Schafmilch hergestellter italienischer Käse, den man frisch essen oder (den schon älteren) als Reibekäse (wie Parmesan) verwenden kann.

Vanille Das echte Vanillepulver erhält man durch das feine Vermahlen der getrockneten Vanilleschoten, mit dem typisch aromatisch-blumigen Duft. Die Heimat der Vanille ist Mexiko. Sie wird aber schon seit mehr als 150 Jahren auf einer Insel vor der Ostküste Afrikas (La Réunion – gehörte früher zu der Bourbon-Inselgruppe, daher der Name Bourbon-Vanille) angebaut. Vanille wird auch als »Trüffel der Tropen« bezeichnet. *Vanillinzucker* dagegen ist eine Mischung von künstlichem Vanille-Aroma mit Zucker. *Vanillezucker* aus dem Reformhaus oder Naturkostladen wird aus echter Bourbon-Vanille und Vollrohrzucker hergestellt.

Tahin oder Sesammus wird aus reinem Sesam hergestellt. Es enthält viel Calcium, Fett und Eiweiß.

Tofu oder Sojaquark wird durch Gerinnung der Sojamilch gewonnen. Er ist geschmacksneutral und daher für süße und pikante Speisen zu verwenden. Tofu hat einen hohen Eiweißgehalt und ist deshalb für die vegetarische Vollwerternährung sehr wichtig.

Vollmeersalz	hat einen Kochsalzgehalt von 80 % und enthält viele Mineralstoffe und Spurenelemente, einschließlich Jod und Magnesium aus dem Meer.
Weinstein-Backpulver	siehe Backtriebmittel, Seite 25.

REZEPTTEIL

Grundrezepte

Hefeteig – süß

$^1/_2$ Würfel Hefe

$^1/_4$ l warmes Wasser (oder $^1/_8$ l Sahne und $^1/_8$ l Wasser)

500 g Vollkornmehl (Dinkel, Weizen oder Mischungen)

80 g Sauerrahmbutter · 80 g Birnendicksaft

1 Prise Vollmeersalz

Hefe im warmen Wasser auflösen. Das Vollkornmehl in eine Schüssel geben und von der Mitte her die Hefe einrühren, bis ein dicklicher Brei entsteht. Mit Mehl bestäuben und zugedeckt 10 Minuten gehen lassen. Die restlichen Zutaten einkneten und wiederum mindestens 20 Minuten (bei kalter Tour, also im Kühlschrank, mindestens 60 Minuten) gehen lassen.

Hefeteig – pikant

$^1/_2$ Würfel Hefe · $^3/_8$ l warmes Wasser

500 g Vollkornmehl · 80 g Sauerrahmbutter

1 TL Vollmeersalz

Zubereitung wie oben.

Mürbteig – süß

300 g Vollkornmehl · 125 g Sauerrahmbutter

100 g Birnendicksaft · 1 Prise Salz

1 EL Sojamehl

Alle Zutaten rasch zu einem Teig kneten und für $^1/_2$ Stunde kalt stellen. Bei Mürbteig empfiehlt es sich immer, ihn zwischen zwei Folien auszurollen, da er leicht reißt. Sie benötigen auch kein Streumehl, das den Teig noch trockener werden ließe. Die oben angegebene Menge reicht zum Auslegen einer Springform plus Deckel bzw. Teigstreifen für ein Gitter, je nachdem, wie dünn der Teig ausgerollt wurde.

Mürbteig – pikant

300 g Vollkornmehl (Sie können auch Grünkern oder Buchweizen hinzufügen)

1 EL Sojamehl · 1 TL Vollmeersalz oder Kräutersalz

150 g Sauerrahmbutter

ca. $^1/_2$ Tasse Flüssigkeit (Wasser, Gemüsebrühe, Sojamilch oder Sahne-Wasser-Gemisch)

Zubereitung wie oben.

Mürbteig – glutenfrei und süß

200 g Hirsemehl · 50 g Reismehl · 2 EL Sojamehl

125 g Sauerrahmbutter oder Pflanzenmargarine

1 Prise Vollmeersalz

100 g Birnendicksaft · evtl. noch etwas Flüssigkeit

Zubereitung wie die anderen Mürbteige.

Mürbteig – glutenfrei und pikant

200 g Hirsemehl · 70 g Sojamehl · 30 g Reismehl

125 g Sauerrahmbutter

1 TL Vollmeersalz oder Kräutersalz

50 ml Flüssigkeit

nach Belieben 1 EL Sesammus, dafür 25 g Butter weniger

Zubereitung wie auf Seite 37 beschrieben.

Soja-Quarkölteig süß

Ausreichend für 1 Blechkuchen oder 2 Springformen:

250 g Sojaquark (Tofu) oder Quark · 1 Prise Vollmeersalz

1/8 l kaltgepreßtes Öl · 500 g Dinkelvollkornmehl

1 gehäufter TL Arrowroot, mit 2 EL kaltem Wasser verrührt

150 g Birnendicksaft oder Honig

1 Päckchen Weinstein-Backpulver

Bei Verwendung von Tofu, diesen in einer Schüssel mit dem Birnendicksaft pürieren. Nun alle restlichen Zutaten bis auf das Backpulver dazukneten. 1/2 Stunde ruhen lassen. Das Backpulver unterrühren und den Teig entweder als Blechkuchen oder in der Springform verwenden. Die Backdauer beträgt bei Blechkuchen etwa 30 Minuten, bei Kuchen in der Springform ca. 45 Minuten bei 200°C.

Soja-Quarkölteig pikant

Ausreichend für 1 Blech oder 2 Springformen:

250 g Sojaquark (Tofu) oder Quark · 50 ml Sahne

1 gehäufter TL Vollmeersalz · 1/8 l kaltgepreßtes Olivenöl

500 g Dinkelvollkornmehl

1 gehäufter TL Arrowroot oder 2 EL Sojamehl

100 ml Wasser · 1 Päckchen Weinstein-Backpulver

Zubereitung wie beim süßen Quarkölteig (siehe oben). Arrowroot oder Sojamehl werden vorher in den 100 ml kaltem Wasser glattgerührt und dann zum Teig gegeben. Die Backdauer beträgt auch hier für Blechkuchen ca. 30 Minuten, für Kuchen in der Springform etwa 45 Minuten bei 200°C.

Tip: Quarkölteig ist ein idealer Ersatz für Hefeteig, insbesondere für Personen, die Hefe nicht vertragen oder eine Anti-Pilz-Diät halten müssen.

Rührteig

150 g Sauerrahmbutter · 150 g Birnendicksaft oder Honig
1 gehäufter EL Arrowroot oder 3 EL Sojamehl
etwas Sojamilch oder Sahne-Wasser-Gemisch
300 g Vollkornmehl · je 1 Msp Vanillepulver und Zimt
evtl. etwas frischer Zitronensaft oder Apfelsaft naturtrüb
1/2 Päckchen Weinstein-Backpulver
je nach Kuchenart Kakao, gemahlene Mandeln oder Cashewkerne, Rosinen, Sesam, Sonnenblumenkerne, Früchte usw. nach Belieben

Die zerlassene Butter mit dem Birnendicksaft schaumig rühren, das in kalter Sojamilch angerührte Arrowroot oder Sojamehl zugeben, ebenso die Geschmackszutaten nach Wahl und das Vollkornmehl unterrühren. Der Rührteig hat eine eher feste Beschaffenheit und sollte 1/2 Stunde quellen. Dann erst wird das Backpulver untergerührt. Den Rührteig in eine gefettete Form füllen und im vorgeheizten Backofen bei 200–220°C 45–60 Minuten backen.

Rührteig – glutenfrei

150 g Sauerrahmbutter oder Pflanzenmargarine

150 g Birnendicksaft oder Honig · 1 Prise Vollmeersalz

2 gestrichene EL Arrowroot oder 3 EL Sojamehl

1 Tasse kaltes Wasser zum Anrühren

300 g Mehl-Mix glutenfrei (Reformhaus/Naturkostladen)

etwas Zimt und Vanillepulver bei Verträglichkeit

etwas frischer Zitronensaft oder Apfelsaft naturtrüb

1/2 Päckchen Weinstein-Backpulver

zusätzliche Geschmackszutaten wie Mandeln, Früchte o. ä. wie beim normalen Rührteig angegeben

Zubereitung wie im Grundrezept Rührteig (siehe Seite 40) beschrieben.

Strudelteig

250 g Dinkelvollkornmehl (oder Weizenmehl)

1 Prise Vollmeersalz · 1 TL Obstessig

50 g Sauerrahmbutter · 1/8 l warmes Wasser

Alle Zutaten in einer Schüssel zu einem geschmeidigen Teig kneten, der sich vom Schüsselrand löst. Den Teig ca. fünfzigmal auf eine Tischplatte schlagen, bis er elastisch und glänzend wird. Mit einem feuchten heißen Topf (1 Tasse Wasser im Topf zum Kochen bringen, das Wasser ausgießen) den Teigkloß abdecken und 30 Minuten ruhen lassen.

Den Teig auf bemehlter Arbeitsfläche in Backblechgröße aus-

wellen. Auf das Nudelholz wickeln und auf ein bemehltes Geschirrtuch wieder abwickeln.
Nachdem Sie die Fülle darauf verteilt haben, werden die Seiten eingeschlagen und mit Hilfe des Tuches der Strudel aufgerollt. Nun den Strudel auf ein gefettetes Backblech legen, wahlweise mit zerlassener Butter, Sahne, mit Wasser angerührtem Sojamehl oder ähnlichem bestreichen und bei 200°C ca. 45–60 Minuten backen.

Blätterteig

250 g sehr fein gemahlenes Dinkelvollkornmehl (evtl. aussieben)

1 Prise Vollmeersalz · 1 EL Obstessig

ca. 150 ml kaltes Wasser

250 g in Scheiben geschnittene kalte Sauerrahmbutter

Aus den Zutaten einen elastischen Teig kneten und 30 Minuten ruhen lassen.
Den Teig zu einem 20 x 30 cm großen Rechteck auswellen. In die Mitte des Rechtecks die in Scheiben geschnittene Butter legen und den Teig von beiden Seiten her darüberschlagen.

1. Tour: Mit dem Nudelholz von der Mitte her nach oben und unten mit klopfenden Bewegungen auswellen, so daß ein langes Band entsteht. Dieses Band dreifach (von unten nach oben und von oben nach unten) zusammenlegen und kühl stellen.

2. Tour: Wieder von der Mitte ausgehend nach den offenen Seiten (oben und unten) auf eine Dicke von 1 cm auswellen, dreifach zusammenlegen und kühl stellen.
Diese Tour wiederholt sich mindestens noch viermal, dazwischen immer gut kühl stellen, damit die Butter im Teig wieder hart wird. Der Blätterteig ist fertig, wenn die Butter gleichmäßig eingeschichtet wurde. Durch dieses Einschichten der Butter erreicht man die Blättrigkeit des Teiges.
Sie können den Teig mit doppeltem Rezept herstellen und einen Teil davon einfrieren.

Hefeblätterteig (Plunderteig)

FÜR DEN HEFETEIG:

20 g Hefe

maximal 3/8 l Sojamilch oder Sahne-Wasser-Gemisch

500 g Dinkelvollkornmehl · 50 g Sauerrahmbutter

1 EL Sojamehl oder Arrowroot (in etwas Wasser aufgelöst)

1 Prise Vollmeersalz

FÜR DEN PLUNDERTEIG:

200 g Sauerrahmbutter · 50 g Dinkelvollkornmehl

Die Hefe in der Sojamilch auflösen. Das Vollkornmehl in eine Schüssel geben, von der Mitte aus die Flüssigkeit, die zerlassene Butter, das Sojamehl oder Arrowroot sowie Salz einrühren und gut verkneten, bis sich der Teig vom Schüsselrand löst. Die Schüssel mit Folie abdecken und für mehrere Stunden in den Kühlschrank stellen. Sie können den Teig auch über Nacht stehenlassen.
Für den Plunderteig die Sauerrahmbutter mit dem Vollkorn-

mehl zusammenrühren, eine Kugel formen, in Folie einwickeln und für 1/2 Stunde in den Kühlschrank stellen.
Den Hefeteig auf einer bemehlten Arbeitsfläche zu einer Platte von 25 x 25 cm ausrollen. Die Butter-Mehl-Kugel zwischen zwei Folien zu einer Platte von 15 x 15 cm ausrollen und auf die Mitte des Hefeteiges legen. Es werden 5–6 Touren geschlagen, wie in der Beschreibung Blätterteig. Dazwischen immer wieder kalt stellen. Sie können den Teig nun sofort für Gebäcke verwenden oder portionsweise einfrieren.

Backfermentteig-Grundansatz

FÜR DIE 1. STUFE:

250 g warmes Wasser

1 gehäufter EL Sekowa-Backferment (Reformhaus oder Naturkostladen)

200 g Vollkornmehl (Weizen, Dinkel, Kamut)

1. Stufe abends: Das Wasser in eine Schüssel gießen und das Sekowa-Backferment darin auflösen. Das Mehl unterrühren, mit Folie abdecken und mindestens 12 Stunden bei 28°C warm stellen. Diese Temperatur erreichen Sie durch eine Klemmleuchte mit einer 25-Watt-Glühbirne, die Sie eingeschaltet mit in das Backrohr geben.

FÜR DIE 2. STUFE:

300 g Vollkornmehl (Weizen, Dinkel oder Kamut)

100 g warmes Wasser

2. Stufe morgens: Mehl und Wasser in den Grundansatz rühren, mit Folie abdecken und nochmals bei 28°C 5–10 Stunden warm stellen. Der Grundansatz ist reif, wenn er um das Doppelte angestiegen ist, sich Gärbläschen gebildet haben und er angenehm milchsauer riecht. Dieser Grundansatz wird in ein Schraubglas gefüllt (nicht mehr als 2/3 voll) und hält sich im Kühlschrank ca. 6 Monate. Pro kg Vollkornmehl benötigen Sie 1 gehäuften Teelöffel (= 10 g) Grundansatz. Diesen Grundansatz gibt es auch fertig zu kaufen.

Brotteig mit Sekowa-Backferment

FÜR DIE 1. STUFE:
500 g warmes Wasser
1 gehäufter TL Sekowa-Backferment
1 gehäufter TL Sekowa-Grundansatz (Selbstherstellung, im Schraubglas/Kühlschrank oder fertig gekauft/Reformhaus oder Naturkostladen)
400 g Vollkornmehl (Weizen, Dinkel, Kamut, Roggen o. a. nach Wahl)

1. Stufe abends: Das Wasser in eine Schüssel geben und je 1 Teelöffel Sekowa-Backferment und Sekowa-Grundansatz darin auflösen. Das Vollkornmehl unterrühren, mit einer Folie abdecken und mindestens 12 Stunden bei 28°C gären lassen. Dazu verwenden Sie wieder die Klemmleuchte, wie in der Herstellung des Grundansatzes beschrieben.

FÜR DIE 2. STUFE MORGENS:
600 g Vollkornmehl nach Wahl · 1 EL Vollmeersalz
ca. 1/4 l warmes Wasser
Gewürze nach Belieben und Verträglichkeit

2. Stufe morgens: Dem über Nacht gereiften Teigansatz fügt man das Vollkornmehl, Salz, Gewürze und soviel Wasser hinzu, daß ein geschmeidiger Teig entsteht. Nachdem der Teig gut durchgeknetet wurde, kommt er mit einer Folie abgedeckt in den 28°C warmen Backofen (Klemmleuchte einschalten). Nach 1–3 Stunden sollte sich eine gute Lockerung des Teiges zeigen. Den Teig auf einer bemehlten Arbeitsfläche kneten und in eine gefettete Backform legen, mit nassen Händen die Oberfläche glattstreichen und an einem warmen Ort noch einmal ca. 1 Stunde bedeckt stehenlassen. Die Oberfläche des Teiges soll nicht trocken werden.

Die Gärzeit ist beendet, wenn der Teig nicht mehr rund, sondern etwas abgeflacht ist. An der Oberfläche zeigen sich kleine Risse, die durch geplatzte Gärbläschen entstehen. Brote, die zu wenig gegangen sind, reißen beim Backen auf, die zu lange gegangen sind, fallen an der Oberfläche ein. Richtig gegangen sind sie, wenn sie nach dem Backen leicht gewölbt sind.

Das Backen erfolgt bei 200–220°C und dauert bei 1-kg-Broten 60–70 Minuten. Heizen Sie den Backofen immer vor und stellen Sie auf den Backofenboden ein Schälchen mit Wasser. Der Wasserdampf treibt das Brot noch einmal nach oben, es kann sich zudem eine schöne Kruste bilden. Das Brot soll im Backofen auf die 1. oder 2. Schiene von unten gestellt werden. Wenn das Brot fertig ist (Klopfprobe mit dem Zeigefingerknöchel auf die Unterseite des Brotes: klingt es hohl, ist das Brot fertig), nehmen Sie es aus der Form, legen es auf ein Gitter, streichen die Oberfläche mit kaltem Wasser ein und lassen es im ausgeschalteten, offenen Backrohr nachbacken.

Backfermentteig-Grundansatz (glutenfrei)

FÜR DIE 1. STUFE:

250 g warmes Wasser

1 gehäufter EL glutenfreies Sekowa-Backferment (Reformhaus oder Naturkostladen)

120 g Buchweizenmehl · 80 g Hirsemehl

1. Stufe abends: Das Wasser in eine Schüssel gießen und das Sekowa-Backferment darin auflösen. Das Mehl unterrühren und mindestens 12 Stunden bei 28°C mit einer Folie abgedeckt warm stellen. Dazu besorgen Sie sich eine Klemmleuchte mit einer 25-Watt-Glühbirne und geben diese eingeschaltet mit in das Backrohr zum Grundansatz.

FÜR DIE 2. STUFE:

130 g Buchweizenmehl · 170 g Hirsemehl

100 g warmes Wasser

2. Stufe morgens: Mehl und Wasser gut mit dem Grundansatz verrühren, die Schüssel wieder mit einer Folie abdecken und diesen Grundansatz nochmal 5–10 Minuten bei 28°C stehenlassen.

Der Grundansatz ist reif, wenn er um das Doppelte angestiegen ist, sich Gärbläschen gebildet haben und er angenehm milchsauer riecht. Dieser Grundansatz wird in ein Schraubglas gefüllt (nicht mehr als $^2/_3$ voll) und hält sich im Kühlschrank ca. 6 Monate. Pro kg Vollkornmehl benötigen Sie 10 g (= 1 gehäufter Teelöffel) Grundansatz.

Brotteig mit Sekowa-Backferment (glutenfrei)

Dieser Brotteig wird genauso hergestellt wie der normale Sekowa-Brotteig. Sie dürfen nur glutenfreie Getreidesorten wie Hirse, Mais, Reis, Buchweizen, Quinoa und Amaranth verwenden. Als Bindemittel eignen sich gekochte, durchgedrückte Kartoffeln, Sojamehl oder Arrowroot (= Pfeilwurzelmehl). Personen, die Eier vertragen, können selbstverständlich diese als Bindemittel verwenden.

Backfermentteig für Torten

Für die 1. Stufe:
300 g warmes Wasser
je 1 TL Sekowa-Backferment und Sekowa-Grundansatz
300 g Dinkelvollkornmehl
Für die 2. Stufe morgens:
700 g Dinkelvollkornmehl · 1 Prise Vollmeersalz
125 g Sauerrahmbutter · 150 g Birnendicksaft oder Honig
100 g Crème fraîche · $^1/_8$ l warmes Wasser

Zubereitung wie im Grundrezept Backfermentbrot (siehe Seite 45). Geben Sie den Teig in eine gefettete Springform und lassen Sie ihn zugedeckt mindestens $^1/_2$ Stunde gehen. Backzeit: 70 Minuten bei 220°C im vorgeheizten Backofen. Den fertigen Tortenboden nehmen Sie aus der Springform und lassen ihn gut auf einem Kuchengitter auskühlen, bevor Sie ihn durchschneiden.

Sauerteig (wahlweise mit Roggen oder Weizen)

Zubereitung des Sauerteigansatzes:

1. Tag abends: Vermischen Sie in einem Schraubglas 20 g Weizen- oder Roggenvollkornmehl mit 20 g warmem Wasser und stellen Sie das geschlossene Glas über Nacht in den 28°C warmen Backofen (25-Watt-Klemmleuchte, siehe Grundrezept Backfermentteig). Sie können aber auch den Backofen auf 100°C vorheizen, ausschalten und das Glas in mehrere Tücher gewickelt über Nacht einstellen.

2. Tag morgens: Rühren Sie zum Ansatz wieder 20 g Weizen- oder Roggenvollkornmehl und 20 g warmes Wasser dazu, wobei sie wie oben beschrieben vorgehen.

2. Tag abends: Ein letztes Mal rühren Sie 20 g Weizen- oder Roggenvollkornmehl sowie 20 g warmes Wasser dazu und lassen den Ansatz über Nacht im Backrohr im geschlossenen Glas bei 28°C gären.

3. Tag morgens: Der Sauerteigansatz ist nun gebrauchsfertig. Es haben sich Gärbläschen gebildet, der Ansatz fällt beim Umrühren in sich zusammen und riecht angenehm sauer. Die vorhandene Menge von ca. 125 g reicht aus, um ein Brot von 1 kg Vollkornmehl zu backen.

Zubereitung des Sauerteigbrotes:

FÜR DEN VORTEIG ABENDS:
1/2 l warmes Wasser · 125 g Sauerteigansatz
400 g Weizen-, Dinkel- oder Roggenvollkornmehl

Das Wasser in eine Schüssel gießen, den Sauerteigansatz darin verrühren, das Vollkornmehl unterrühren. Den Vorteig mindestens 12 Stunden bei 28–30°C warm stellen (in Tücher gewickelt im vorgeheiztem Backrohr oder mit Folie abgedeckt im Backrohr mit eingeschalteter Klemmleuchte).

FÜR DEN HAUPTTEIG MORGENS:
600 g Vollkornmehl (Weizen, Dinkel, Roggen – nach Verträglichkeit und Belieben)
1 EL Vollkornmehl
je 1 EL Kümmel, Koriander oder sonstiges Brotgewürz
3/8 l warmes Wasser

Vom Vorteig zuallererst ca. 125 g abnehmen und in ein Schraubglas geben. Dies ist Ihr Sauerteigansatz für das nächste Brot. Er hält sich im Kühlschrank 1–2 Wochen.
Zum restlichen Vorteig nun Vollkornmehl, Salz, Gewürze und das Wasser geben und den Hauptteig sehr gründlich durchkneten. Je länger Sie kneten, desto lockerer und bündiger wird das Brot. Zugedeckt stellt man ihn wieder für 2 Stunden ins warme Backrohr. Danach wird der Sauerteig ein letztes Mal durchgeknetet, in eine gefettete, leicht bemehlte Backform gefüllt und mit einem Tuch abgedeckt für 1 Stunde an einen warmen Ort gestellt. Den Backofen auf 220°C vorheizen und eine Schüssel mit Wasser auf den Backofenboden stellen. Backen Sie das Brot die ersten 10 Minuten bei 220°C und die restlichen 60 Minuten bei 200°C. Das fertige Brot aus der Form nehmen, mit kaltem Wasser bepinseln und auf einem Gitter abkühlen lassen.

Hefebrotteig

800 g Weizen- oder Dinkelvollkornmehl · 1 Würfel Hefe

$^1/_2$ l warme Sojamilch oder Sahne-Wasser-Gemisch

1 gestrichener EL Vollmeersalz · 4 EL kaltgepreßtes Öl

Gewürze nach Belieben und Verträglichkeit

Ölsaaten (Sesam, Leinsamen, Sonnenblumenkerne) nach Belieben

Das Mehl in eine Schüssel geben, in die Mitte eine Vertiefung drücken, die Hefe hineinbröckeln und mit der Hälfte der Sojamilch zu einem dicklichen Brei rühren (Vorteig). Den Vorteig mit Mehl bestäuben und 15 Minuten zugedeckt gehen lassen, bis er das doppelte Volumen erreicht hat. Die restliche Milch, das Salz, die Gewürze und das Öl zum Vorteig geben und alles zu einem glatten Teig kneten, der sich vom Schüsselrand löst. Der Teig sollte nicht zu weich werden, so daß er gut formbar ist und beim Backen nicht in die Breite geht. Den Teig erneut $^1/_2$ Stunde gehen lassen. Auf der bemehlten Arbeitsfläche zu einem Laib formen, auf ein mit Mehl bestäubtes Backblech oder in eine entsprechende Backform legen und zugedeckt gut aufgehen lassen. Den Backofen auf 200°C vorheizen. Das gegangene Brot noch einmal mit Mehl bestäuben und ca. 60 Minuten backen.

Pizzateig einmal anders

20 g Hefe · 1/8 l warmes Wasser · 200 g Hirsemehl

200 g Hartweizenmehl · 100 g Grünkernmehl

2 EL Sojamehl · 1 TL Vollkornmehl

6 EL kaltgepreßtes Olivenöl

Die Hefe im warmen Wasser auflösen. Das Mehl in eine Schüssel geben und alle Zutaten von der Mitte her gut verrühren. So lange kneten, bis sich der Teig vom Schüsselrand löst. Zugedeckt 1–2 Stunden gehen lassen. Den Teig auf dem eingefetteten Backblech auswellen und belegen. Backdauer: 30 Minuten bei 200°C, Belag nach Belieben und Vorrat.

Pizzateig

20 g Hefe · 1/4 l warmes Wasser

500 g Weizen- oder Dinkelvollkornmehl

1 TL Vollmeersalz · 6 EL kaltgepreßtes Olivenöl

Die Hefe im warmen Wasser auflösen und mit allen restlichen Zutaten in das Mehl rühren, zuletzt kräftig kneten, bis sich der Teig vom Schüsselrand löst. Zugedeckt 1–2 Stunden gehen lassen, nochmals kneten und auf einem gefetteten Backblech auswellen. Nach Geschmack und Belieben belegen und bei 200°C 30 Minuten backen.

Hefefreier Pizzateig mit Backferment

$^1/_4$ l warmes Wasser · 1 TL Sekowa-Backferment

1 TL Sekowa-Grundansatz · 500 g Hartweizenmehl

1 TL Vollmeersalz · 6 EL kaltgepreßtes Olivenöl

Warmes Wasser in eine Schüssel gießen, das Backferment und den Grundansatz mit dem Schneebesen einrühren, bis es sich aufgelöst hat. Nun das Mehl und das Salz zugeben und sehr gut mit dem Handrührgerät durchkneten. Der Teig soll in sich gebunden sein und sich vom Schüsselrand lösen. Mit einer Folie abdecken und bei 28°C Wärme stehenlassen. Hinweise hierzu finden Sie im Grundrezept Backfermentteig (siehe Seite 44). Den Backofen auf 200°C vorheizen, das Backblech einfetten. Nachdem der Teig mindestens 3 Stunden gegangen ist, wird er noch einmal kräftig durchgeknetet und auf dem Backblech ausgewellt. Mit den Zutaten Ihrer Wahl belegen und bei 200°C ca. 30 Minuten backen.

Hefefreier Pizzateig mit Backpulver

500 g Dinkel- oder Kamutvollkornmehl

1 TL Vollmeersalz · gut $^1/_4$ l Wasser · 6 EL Olivenöl

$^1/_2$ Päckchen Weinstein-Backpulver

Alle Zutaten bis auf das Backpulver verkneten und den Teig $^1/_2$ Stunde ruhen lassen. Nun das Backpulver unterkneten und den Teig auf leicht bemehlter Arbeitsfläche backblechgroß auswellen. Auf dem gefetteten Backblech mit beliebigen Zutaten belegen. Den Backofen auf 200°C vorheizen und die Pizza ca. 30 Minuten backen.

Pizzateig – glutenfrei

500 g Mehl-Mix-glutenfrei (Reformhaus/Naturkostladen)

$^1/_2$ l Wasser · 1 TL Vollmeersalz

50 g Sauerrahmbutter oder Pflanzenmargarine

$^1/_2$ Päckchen Weinstein-Backpulver

etwas kaltgepreßtes Olivenöl zum Bestreichen des Teiges

Das Mehl in eine Schüssel geben, das Salz im Wasser auflösen und mit den restlichen Zutaten in das Mehl einkneten. Den Teig auf ein gefettetes, bemehltes Backblech legen, mit Mehl bestäuben und auswellen. Den Teig vor dem Belegen mit Olivenöl einstreichen, dadurch wird er nicht so trocken. Im vorgeheizten Backofen bei 200°C 25–30 Minuten backen.

Kuchen und Torten süß

Gedeckter Apfelkuchen

1 Grundrezept Mürbteig, wahlweise glutenfrei (siehe Seiten 37/38)

FÜR DIE FÜLLE:

1 kg Äpfel · 50–75 g Birnendicksaft · 2 TL Zimt

100 g gemahlene Mandeln · 2 gehäufte EL Crème fraîche

2–3 EL Weizen- oder Dinkelgrieß zum Bestreuen des Teigbodens

Einen Mürbteig nach Wahl herstellen und $^1/_2$ Stunde im Kühlschrank ruhen lassen.

Die Äpfel schälen, grob raspeln, mit den restlichen Zutaten in einer Schüssel mischen und zugedeckt durchziehen lassen.

Die Hälfte des Teiges zwischen zwei Folien auswellen, mit dem Ring der Springform den Deckel ausstechen und zur Seite legen. Mit dem restlichen Teig den Boden auswellen und einen 3 cm hohen Rand drücken. Den Weizengrieß auf den Teigboden streuen und mit der Apfelfülle belegen. Den Mürbteigdeckel darauflegen und leicht am Rand festdrücken. Mit einer Gabel den Deckel ein paar Mal einstechen und mit Sahne bestreichen. Nach Belieben auch noch Mandelblättchen aufstreuen. Bei 175°C ca. 45 Minuten backen.

Käsekuchen mit Kirschen

1 Grundrezept Mürbteig, wahlweise glutenfrei

FÜR DIE FÜLLE:

500 g Tofu (Sojaquark) · 1/8 l Sojamilch

175 g Birnendicksaft · 3 EL Sojamehl · 3 Meßlöffel Biobin

1 Prise Vollmeersalz · 1/4 TL Vanillepulver

1/8 l Mineralwasser · 1 Becher steifgeschlagene Sahne

350 g entsteinte Kirschen

Einen Mürbteig nach Wahl herstellen und 1/2 Stunde kühlen. Den Teig zwischen zwei Folien auswellen, in die Springform legen, einen 3-cm-Rand hochdrücken und bei 175°C 10 Minuten vorbacken. Achtung: den Rand der Springform nicht einfetten, sonst passiert es, daß der Rand beim Backen abrutscht. Der Teig ist eigentlich fett genug. Tofu mit Sojamilch glattrühren, Birnendicksaft, Sojamehl, Biobin, Salz und Vanille zugeben, zuletzt das Mineralwasser einrühren. Die Sahne und die Kirschen vorsichtig unterheben und auf den vorgebackenen Mürbteig geben. Bei 175°C in etwa 45 Minuten fertigbacken.

Ⓖ *Käse-Sahne-Torte*

FÜR DEN TEIG:
450 g Dinkelmehl · $^1/_4$ l warmes Wasser
1 Würfel Hefe oder 1 Packung Trockenhefe
60 g Sauerrahmbutter · 60 g Birnendicksaft
1 Prise Vollmeersalz
FÜR DIE FÜLLE:
150 ml Wasser · $1^1/_2$ TL Agar-Agar · 3 TL Lecithin
250 g Birnendicksaft · 750 g Magerquark oder Tofu
500 ml steifgeschlagene Sahne

Für den Teig die Hefe im warmen Wasser auflösen. Mehl in eine Schüssel geben und von der Mitte her die Hefe einrühren, bis ein dicklicher Brei entsteht. Mit Mehl bestäuben, zudecken und 10 Minuten gehen lassen. Die restlichen Zutaten einkneten (die Butter vorher immer schmelzen) und zugedeckt 30–40 Minuten gehen lassen. Den Teig nochmals durchkneten und in eine gefettete, bemehlte Springform füllen. Bei 200°C ca. 30 Minuten backen. Geben Sie den Teig in das kalte Backrohr und schalten erst dann ein, kann er noch aufgehen, bevor die Backhitze erreicht ist. Auf einem Gitter auskühlen lassen, vorsichtig aus der Springform nehmen und mit einem Messer einmal quer durchschneiden.
Für die Fülle das Wasser mit dem Agar-Agar in einem Topf mischen, aufkochen und auf ca. 45°C wieder abkühlen lassen. Dabei immer wieder umrühren. Lecithin und Birnendicksaft schaumig rühren, Quark zufügen, die Geliermasse einrühren und zuletzt die Sahne unterheben.
Einen Springformring um den Teigboden legen, die Fülle darauf streichen und den Teigdeckel auflegen. Die Torte für einige Stunden in den Kühlschrank stellen, bevor sie ange-

schnitten wird oder ca. 1 Stunde im Gefrierfach kühlen. Da diese Torte sehr gehaltvoll ist, sollte sie natürlich nur besonderen Anlässen vorbehalten sein.

Hefeobstkuchen mit Rahmguß

500 g Vollkornmehl

1 Würfel Hefe oder 1 Packung Trockenhefe

1/4 l warmes Wasser · 80 g Sauerrahmbutter

80 g Birnendicksaft · 1 Prise Vollmeersalz

FÜR DEN BELAG:

50 g Sauerrahmbutter

1 1/2–2 kg Obst wie Pflaumen, Zwetschgen, Äpfel, Birnen, Kirschen oder Beeren

3–4 EL Vollkornsemmelbrösel oder Vollkorngrieß

je nach Obstart Zimt, gehackte Mandeln

Sesam oder Sonnenblumenkerne, Rosinen für Apfelkuchen

FÜR DEN RAHMGUSS:

1 Becher Sauerrahm · 1 Becher geschlagene Sahne

Birnendicksaft nach Geschmack · 2 Meßlöffel Biobin

1/2 TL Zimt nach Geschmack

Hefe im warmen Wasser auflösen. Mehl in eine Schüssel geben und von der Mitte her die Hefe einrühren, bis ein dicklicher Brei entsteht. Mit Mehl bestäuben, abdecken und 10 Minuten gehen lassen. Die restlichen Zutaten einkneten und wiederum zugedeckt 10 Minuten gehen lassen. Den mittelfesten Hefeteig leicht auswellen, auf gefettetem Backblech weiter auswellen, Rand hochdrücken, den Teig mit zerlassener Butter bestreichen, bei sehr saftigem Obst mit Vollkornsemmelbröseln bestreuen, vorbereitetes Obst gleichmäßig und dicht schuppenförmig auflegen, Rosinen, Mandeln, Zimt oder anderes, je nach Obstart, daraufgeben und bei 200°C 10–15 Minuten backen. Den gut verrührten Rahmguß darüber verteilen und weitere 20–30 Minuten backen. Sie können aber genauso auf den Rahmguß verzichten und backen den Hefe-Obstkuchen bei 200°C 30–40 Minuten. Dieser Kuchen eignet sich – ob mit oder ohne Rahmguß – sehr gut zum Tiefgefrieren.

(O) *Hefezopf mit Äpfeln und Rosinen*

500 g Dinkelmehl

1 Würfel Hefe oder 1 Packung Trockenhefe

1/4 l warmes Wasser · 80 g Sauerrahmbutter

80 g Birnendicksaft · 1 Prise Vollmeersalz

150 g ungeschwefelte Rosinen · 4 säuerliche Äpfel

ZUM BESTREICHEN:

Sahne-Wasser-Gemisch

ZUM BESTREUEN:

Mandelblättchen

Das Mehl in eine Schüssel geben und in die Mitte eine Mulde drücken. Die Hefe im warmen Wasser auflösen, in die Mulde gießen, einen kleinen Vorteig anrühren, mit etwas Mehl bestäuben und 15 Minuten gehen lassen, bis sich Bläschen bilden. Inzwischen die Rosinen mit kochendem Wasser übergießen und die Äpfel schälen, in kleine Würfel schneiden und in 2 Eßlöffeln Vollkornmehl wenden. Die Butter schmelzen lassen. Bis auf die Äpfel alle restlichen Zutaten in den Teig einarbeiten, gut durchkneten und nochmals zugedeckt 30 Minuten gehen lassen. Nun die Äpfel in den Teig kneten. Für den Zopf teilen Sie den Teig in 3 gleich große Stücke, formen diese jeweils zu einer Rolle und flechten auf dem vorbereiteten Backblech einen Zopf. Mit Sahne bestreichen und Mandelblättchen bestreuen. Den Zopf bei 200°C ca. 45 Minuten backen. Sie können ihn nach dem Backen noch mit einer hellen Glasur (siehe Seite 162) einstreichen.

Blätterteigstrudel mit Zwetschgen

300 g Blätterteig (siehe Seite 42) · 30 g Sauerrahmbutter

150 g Haferflocken · 6 EL Birnendicksaft · 1 TL Zimt

3 EL Crème fraîche · 750 g Zwetschgen, entsteint

etwas Sojamilch und Sesam

Butter erhitzen und die Haferflocken darin rösten. Birnendicksaft, Zimt sowie Crème fraîche dazugeben und kurz erhitzen. Vom Herd nehmen und abkühlen lassen.
Zwetschgen entkernen oder aufgetaute Zwetschgen gut abtropfen lassen. Den Blätterteig auf bemehlter Arbeitsfläche ca. 40 x 40 cm ausrollen, auf ein bemehltes Tuch legen, Zwetschgen und Haferflockenmasse darauf verteilen. Mit Hilfe des Tuches den Blätterteig aufrollen, dabei zuerst die Seiten einschlagen und von unten nach oben rollen. Die Blätterteigrolle auf ein mit kaltem Wasser abgespültes Blech legen, mit Sojamilch bestreichen und mit Sesam bestreuen. Backzeit: 45–60 Minuten bei 200°C.

Tip: Die abgetropfte Sauce der Zwetschgen können Sie gut für eine Vanille-Zwetschgen-Sauce verwenden, die sie dann zum warmen Strudel reichen.

Vanillesauce

$^{1}/_{2}$ l Wasser mit 80 g Vollkornmehl und 1 Msp Salz verrühren und aufkochen. Etwas abkühlen lassen und 200 g Crème fraîche, 150 bis 200 g Birnendicksaft oder Honig sowie $^{1}/_{2}$ TL Vanillepulver unterrühren. Nach Belieben kann das Wasser durch abgetropften Fruchtsaft (von Tiefkühlfrüchten oder Kompott) ersetzt und so die Sauce abgewandelt werden.

Pflaumentorte

1 Grundrezept glutenfreier Mürbteig (siehe Seite 38)

FÜR DEN BELAG:

500 g püriertes Pflaumenkompott (bereits gesüßt)

1 TL Agar-Agar · 20 g Sauerrahmbutter

8 EL Haferflocken · 4 EL Birnendicksaft · 4 EL Sahne

1 TL Zimt

ZUM GARNIEREN:

3 EL Haferflocken · 2 EL gehackte Cashewkerne

1 EL Sauerrahmbutter · steifgeschlagene Sahne

Glutenfreien oder anderen süßen Mürbteig herstellen, 30 Minuten kühlen, eine gefettete Spring- oder Quicheform damit auslegen und bei 200°C ca. 20–30 Minuten backen. Das Pflaumenkompott mit dem Agar-Agar in einem Topf anrühren und unter ständigem Weiterrühren einmal aufkochen. Während des Abkühlens immer wieder umrühren.

Die Butter erhitzen und die Haferflocken darin goldbraun rösten, die restlichen Zutaten einrühren und abkühlen lassen.

Die etwas abgekühlte Haferflockenmasse unter die Pflaumenmasse heben. Bevor die Pflaumenmasse steif zu werden be-

ginnt, wird sie auf den ausgekühlten Mürbteig verteilt und glattgestrichen.
Für die Garnitur die Haferflocken und Cashewkerne in der Butter anrösten und abgekühlt auf die Torte geben.
Zuletzt können Sie die Torte noch mit der steifgeschlagenen Sahne garnieren.

(G) *Rüblitorte*

(sollte einen Tag vorher gebacken werden)

150 g Sauerrahmbutter · 150 g Birnendicksaft oder Honig

1 TL Zimt · 1 Prise Vollmeersalz

250 g gemahlene Mandeln oder Cashewkerne

100 g Vollkornmehl · 250 g feingeriebene Möhren

etwas frischer Zitronensaft

1 gehäufter EL Arrowroot oder 2 EL Sojamehl, in etwas kaltem Wasser angerührt

$^1/_2$ Päckchen Weinstein-Backpulver

$^1/_2$ Grundrezept Marzipan (siehe Seite 159)

30–50 g Mandelblätter · 40 g ungehärtetes Kokosfett

5–6 EL Hagebuttenmarmelade

Pinienkerne oder Pistazien zum Garnieren

Die weiche Butter in einer Schüssel schaumig rühren, nach und nach Birnendicksaft oder Honig einrühren. Zimt, Salz, Mandeln, Möhren, Zitronensaft, Mehl sowie das angerührte Arrowroot dazurühren und mindestens $^1/_2$ Stunde quellen lassen. Den Backofen auf 200°C vorheizen, eine Springform fetten und mit Mehl bestäuben. Das Backpulver unterrühren, den Teig in die Springform füllen, glattstreichen und bei 175–200°C ca. 60 Minuten backen. Den Rüblikuchen 1 Tag ruhen lassen.

$^1/_2$ Grundrezept Marzipan herstellen und ebenfalls einen Tag im Kühlschrank durchziehen lassen.
Die Mandelblätter in der trockenen Pfanne anbräunen. Das Kokosfett erhitzen, in eine größere Tasse geben, die Hagebuttenmarmelade zufügen und mit dem Rührgerät (nur einen Rührbesen einstecken) cremig glatt rühren.
Die Hälfte der Hagebuttenmarmelade auf der Rüblitorte verstreichen, den Rand nicht vergessen. Auf den Rand und die Oberseite der Torte die gerösteten Mandelblätter verteilen. Lassen Sie aber in der Mitte einen Kreis von 7 cm Durchmesser frei. Dazu einen Kreis aus Papier ausschneiden und in die Mitte der Torte legen. Aus dem Marzipan werden 12 Möhren geformt und sternförmig, mit der spitzen Seite nach außen, am Tortenrand angeordnet. Die Pinienkerne oder Pistazien dabei als »Grün« an die Möhren anstecken. Nun mit dem Rest der Hagebuttenmarmelade die Möhren vorsichtig einstreichen. Sie können nach dem Antrocknen ein zweites Mal darübergehen.

Birnenkuchen

1 Grundrezept Soja-Quarkölteig (siehe Seite 39)

FÜR DEN BELAG:

4 mittelgroße Birnen · etwas frischer Zitronensaft

$^1/_8$ l Wasser

FÜR DEN KROKANTBELAG:

200 g Mandelblätter · 100 g Sauerrahmbutter

6 EL Birnendicksaft · $^1/_8$ l Sahne

Einen Quarkölteig nach Grundrezept herstellen und $^1/_2$ Stunde ruhen lassen. Den Backofen auf 200°C vorheizen.
Birnen waschen, schälen, vierteln, das Kernhaus entfernen; die

Stücke in das Zitronenwasser eintauchen. Den Teig auswellen und eine gefettete Springform damit auslegen. Die Birnenviertel dicht darauf verteilen und 15 Minuten auf der zweiten Schiene von unten backen. Den Krokantbelag zubereiten, indem Sie Butter, Mandelblätter und Birnendicksaft in einem Topf erhitzen, mit der Sahne ablöschen und kurz mitbräunen lassen. Den heißen Krokantbelag auf den Birnenkuchen streichen und 15–20 Minuten fertigbacken.

Tip: Werden Aprikosen vertragen, so können Sie diese anstatt der Birnen verwenden.

Apfelkuchen

1 Grundrezept Soja-Quarkölteig (siehe Seite 39)

FÜR DEN BELAG:

750–1000 g Äpfel · ca. 100 g Birnendicksaft

100 g gemahlene Cashewkerne oder Mandeln

Butterflöckchen

Einen Quarkölteig nach Grundrezept herstellen und $^1/_2$ Stunde ruhen lassen. Den Backofen auf 175°C vorheizen. Eine Springform oder ein Backblech einfetten.
Die Äpfel waschen, schälen, vierteln und das Kernhaus entfernen. Die Früchte in dünnere Scheiben schneiden. Den Teig auswellen und eine Springform oder ein Backblech damit auslegen. Die Apfelscheiben darauf anordnen und mit Birnendicksaft gut einpinseln. Die gemahlenen Cashewkerne darüberstreuen, Butterflöckchen aufsetzen und bei 175°C 40 Minuten backen.

Butterkuchen

1 Grundrezept süßer Hefeteig (siehe Seite 36)
mit zusätzlich etwas Zitronensaft und
1 Prise Muskat

FÜR DEN BELAG:

200 g Mandelblätter

ca. 100 g Birnendicksaft oder Honig

100 g Sauerrahmbutterflöckchen · 1 Becher Sauerrahm

1 TL Zimt · 50 g Birnendicksaft

Den Hefeteig nach Grundrezept herstellen, auswellen und auf ein gefettetes Backblech legen. 100 g Birnendicksaft oder Honig auf den Teig streichen, die Mandelblätter gleichmäßig darauf verteilen, Butterflöckchen aufsetzen und bei 175°C 30 Minuten backen. Den Sauerrahm mit Zimt und Birnendicksaft vermischen und auf den fertigen, noch heißen Kuchen streichen, in Stücke schneiden und auf einem Kuchengitter abkühlen lassen.

Einfacher Obstkuchen

1 Grundrezept Mürbteig, wahlweise glutenfrei (siehe Seiten 37/38)

FÜR DEN BELAG:

500 g Obst (Erdbeeren, Brombeeren, Johannisbeeren, Ananas, Nektarinen, Birnen, Pfirsiche usw., je nach Belieben und Verträglichkeit)

FÜR DEN TORTENGUSS:

$^1/_4$ l Obstsaft oder naturtrüber Apfelsaft

1 guter TL Agar-Agar

Süßungsmittel nach Geschmack

Einen Mürbteig nach Wahl herstellen, $^1/_2$ Stunde kühlen. Das Obst waschen, verlesen, evtl. halbieren, vierteln, achteln oder in Stücke schneiden.
Den Mürbteig zwischen zwei Folien auswellen, in eine gefettete, bemehlte Springform oder Obstkuchenform geben und im vorgeheizten Backofen bei 200°C ca. 25 Minuten backen, auskühlen lassen.
In einem Topf die Flüssigkeit, das Süßungsmittel und das Agar-Agar verrühren. Unter ständigem Rühren einmal aufkochen, abkühlen lassen und dabei immer wieder umrühren, damit die Masse gleichmäßig geliert.
Den Mürbteig auf eine Tortenplatte geben, mit dem Obst belegen und den zu gelieren beginnenden Guß darauf verteilen. Im Kühlschrank mindestens 1 Stunde erkalten lassen.

Zwetschgen-datschi

1 Grundrezept süßer Mürbteig, wahlweise glutenfrei (siehe Seiten 37/38)

Vollkornsemmelbrösel · 750–1000 g Zwetschgen

Zimt · Birnendicksaft

Einen Mürbteig nach Wahl herstellen und $^1/_2$ Stunde kühlen. Die Zwetschgen waschen und entkernen. Den Backofen auf 200°C vorheizen. Den Mürbteig zwischen zwei Folien auswellen und auf ein gefettetes Backblech legen, mit Vollkornsemmelbröseln bestreuen, die Zwetschgen in Reihen eng auflegen, mit Birnendicksaft beträufeln, mit Zimt bestäuben und bei 200°C ca. 30 Minuten backen. Der Datschi schmeckt frisch mit geschlagener Sahne am besten!

Tip: Ein reiner Hefeteig oder eine Mischung aus Hefeteig und Mürbteig eignen sich ebensogut, wobei Sie jeweils ein halbes Rezept zubereiten und die fertigen Teige dann zusammen verkneten.

Kirschtorte mit Vanillepudding

1/2 Grundrezept Mürbteig süß, wahlweise glutenfrei
(siehe Seiten 37/38)

FÜR DIE FÜLLE:

500 g Kirschen · 1/2 l Wasser
Birnendicksaft nach Geschmack · evtl. etwas Zitronensaft
1 Päckchen Vanillepuddingpulver · 2–4 EL Birnendicksaft
1 TL Agar-Agar

FÜR DIE STREUSEL:

50 g Sauerrahmbutter · 50 g Birnendicksaft · 1 TL Zimt
50 g gemahlene Mandeln oder Cashewkerne

ZUM GARNIEREN:

Sahne, Kirschen und Schoko- oder Carobstreusel
(1/4 Schoko- oder Carobtafel)

Einen Mürbteig nach Wahl herstellen und 1/2 Stunde kühlen. Die entsteinten Kirschen mit dem Wasser, etwas Birnendicksaft und Zitrone zum Kochen bringen. Von der Herdstelle nehmen, die Kirschen abseihen. Vom Kirschsaft ca. 1 Tasse abnehmen und im kalten Wasserbad abkühlen lassen. Den restlichen Kirschsaft im Topf wieder auf die eingeschaltete Herdplatte stellen und noch einmal zum Kochen bringen. Das Puddingpulver mit dem Agar-Agar im abgekühlten Kirschsaft anrühren, Birnendicksaft zugeben. Sobald der Kirschsaft im Topf kocht, das angerührte Puddingpulver einrühren, einmal aufkochen und im kalten Wasserbad abkühlen lassen.

Den Mürbteig zwischen zwei Folien auswellen und eine gefettete Springform damit auslegen. Im vorgeheizten Backofen bei 200°C 25 Minuten backen. Für die Streusel die Butter in

einem Topf erhitzen, Mandeln, Birnendicksaft und Zimt zugeben und etwas anbräunen.
Die entsteinten Kirschen unter den abgekühlten Pudding heben. Den abgekühlten Mürbteig aus der Form nehmen, auf eine Kuchenplatte legen, den Springformring wieder anlegen. Die Puddingmasse einfüllen, Streusel darauf verteilen und für 2–3 Stunden in den Kühlschrank stellen, damit sie schnittfest wird. Die Torte mit geschlagener Sahne, Kirschen und Schokostreuseln garnieren.

Scheiterhaufen

500 g Vollkornbrotreste, Semmelreste oder Reste vom Backferment-Tortenboden

$^1/_4$ l Sahne-Wasser-Gemisch · 500 g Kirschen oder Äpfel

50 g ungeschwefelte Rosinen (bei Verwendung von Äpfeln)

$^1/_2$ l Sahne-Wasser-Gemisch

100 g Dinkelvollkornmehl · 1 EL Sojamehl

1 Prise Vollmeersalz · 50 g Sauerrahmbutter

150 g Birnendicksaft oder Honig · 1 TL Zimt

evtl. etwas frischer Zitronensaft

50 g gemahlene Mandeln oder Cashewkerne

Butterflöckchen

Die Brotreste in einer Schüssel mit dem Sahne-Wasser-Gemisch übergießen, durchziehen lassen. Die Kirschen entkernen oder die Äpfel in Scheiben schneiden, die Rosinen mit kochendem Wasser überbrühen, abtropfen lassen.
Einen Pudding aus $^1/_2$ l Sahne-Wasser-Gemisch, Salz, Sojamehl und Dinkelvollkornmehl kochen, dabei alle Zutaten im Topf verrühren und unter ständigem Rühren einmal aufkochen. Im kalten Wasserbad abkühlen lassen.

Die weiche Butter schaumig rühren, nach und nach den Birnendicksaft und zuletzt den abgekühlten Pudding unterrühren. Den Backofen auf 200°C vorheizen. Die eingeweichten Brotreste mit dem Obst vermischen und in eine gefettete Auflaufform schichten, die Puddingcreme darübergießen. Mit gemahlenen Mandeln bestreuen, Butterflöckchen aufsetzen und bei 200°C ca. 1 Stunde backen.

Tip: Am besten schmeckt der Scheiterhaufen, wenn er etwas abgekühlt ist. Man kann ihn aber auch ganz erkaltet zum Nachmittagstee oder -kaffee essen.

Beerenkuchen mit Marzipan

(auch glutenfrei zu backen!)

1 Grundrezept süßer Mürbteig, wahlweise glutenfrei (siehe Seiten 37/38)
FÜR DEN BELAG:
300 g frische oder aufgetaute und abgetropfte Beeren (Johannisbeeren, Himbeeren, Erdbeeren, Brombeeren)
100–150 g Marzipan (am besten aus eigener Herstellung, Seite 159)
FÜR DEN GUSS:
1/8 l Abtropfsaft der aufgetauten Beeren oder Apfelsaft naturtrüb
1/8 l Birnendicksaft oder Honig · 1/2 TL Agar-Agar

Einen Mürbteig nach Wahl herstellen und 1/2 Stunde kühlen. Bereits am Vortag das Marzipan zubereiten oder fertiges Marzipan im Reformhaus oder Naturkostladen kaufen.
Den Mürbteig zwischen zwei Folien auswellen und in eine gefettete, bemehlte Springform legen, dabei einen 2 cm hohen

Rand drücken. Die verlesenen oder aufgetauten und abgetropften Beeren auf dem Mürbteigboden verteilen, das Marzipan darüberbröseln und leicht andrücken. Im vorgeheizten Backofen bei 200°C 35–40 Minuten backen.
Für den Guß die Flüssigkeit, den Birnendicksaft und das Agar-Agar in einem Topf anrühren, unter ständigem Rühren aufkochen und wieder erkalten lassen. Damit die Masse gleichmäßig geliert, immer wieder umrühren. Wird sie zu schnell fest, so läßt sich die Geliermasse durch vorsichtiges Erhitzen wieder verflüssigen, und zwar ohne Beeinträchtigung der Gelierkraft. Den Guß auf dem abgekühlten Beerenkuchen verteilen, kalt stellen.

Brombeerkuchen

1 Grundrezept süßer Mürbteig, wahlweise glutenfrei (siehe Seiten 37/38)

FÜR DEN BELAG:

600 g Brombeeren frisch oder aufgetaut

1/2 l Wasser oder Abtropfsaft der Brombeeren

Süßungsmittel nach Geschmack · 1 1/2 TL Agar-Agar

100 g gehackte, geröstete Cashewkerne oder Mandeln

steifgeschlagene Sahne

ZUM GARNIEREN:

ca. 12 Brombeeren

Einen Mürbteig nach Wahl herstellen, 30 Minuten kühlen, in eine gefettete, bemehlte Quicheform oder Springform legen, mit der Gabel ein paarmal einstechen und bei 200°C 20–30 Minuten backen.
Die Brombeeren mit dem Süßungsmittel, Wasser und Agar-Agar in einem Topf unter ständigem Rühren einmal aufko-

chen. Zum Abkühlen in ein Wasserbad stellen, dabei immer wieder umrühren. Inzwischen die Cashewkerne oder Mandeln in der Pfanne ohne Fettzugabe bräunen.
Die zu gelieren beginnende Fruchtmasse auf den abgekühlten Mürbteig streichen. Die erkalteten Cashewkerne darauf verteilen und für 1–2 Stunden in den Kühlschrank stellen. Vor dem Servieren mit geschlagener Sahne und Brombeeren garnieren.

Tip: Farblich wirkt es sehr gut, wenn Sie 300 g Brombeeren mit 300 g Himbeeren mischen.

(G) *Kirschtorte*

1 Grundrezept süßer Mürbteig, wahlweise glutenfrei (siehe Seiten 37/38)

FÜR DIE FÜLLE:

400 g Schafjoghurt · $^1/_4$ l Sojamilch · 2 TL Agar-Agar

100 g Birnendicksaft

50 g gemahlene, geröstete Mandeln oder Cashewkerne

500 g Kirschkompott · 1 gehäufter TL Agar-Agar

ZUM GARNIEREN:

14–16 Kirschen · ca. $^1/_8$ l geschlagene Sahne

50 g gemahlene, geröstete Mandeln oder Cashewkerne

Einen Mürbteig nach Wahl herstellen und zwei Platten von 26 cm Ø auswellen. Bei 200°C 10–15 Minuten backen. Eine Teigplatte (die Deckplatte) vor dem Backen mit Sesam bestreuen, der leicht angedrückt wird.
Das Kirschkompott mit ca. $^1/_4$ l Saftanteil mit dem Agar-Agar in einem Topf einmal aufkochen und zum Abkühlen in ein Wasserbad stellen, dabei hin und wieder umrühren.

Sojamilch und Agar-Agar ebenfalls einmal aufkochen und gut abgekühlt unter den Schafjoghurt rühren. Die gerösteten Mandeln oder Cashewkerne und zuletzt den Birnendicksaft, darunterziehen. Die abgekühlte Mürbteigplatte in der Springform mit $^{1}/_{3}$ der Joghurtfülle bestreichen. Darauf die zu gelieren beginnenden Kirschen auftragen. Nun den Rest der Joghurtfülle darüberziehen und die zweite Teigplatte (mit Sesam) auflegen; leicht andrücken. Die Torte für mindestens 2 Stunden in den Kühlschrank stellen, bevor man sie garniert und anschneidet. Den Rand mit Schlagsahne abdecken und mit den gerösteten Mandeln oder Cashewkernen versehen. Die Torte mit der restlichen geschlagenen Sahne und den Kirschen garnieren. Sie können auch noch etwas Carobschokolade darüberraspeln.

Ⓖ *Erdbeertorte mit Joghurt*

$^{1}/_{2}$ Grundrezept Hefeplunderteig (= 500 g, siehe Seite 43)

FÜR DIE FÜLLE:

500 g Erdbeeren frisch oder aufgetaut

100 g Birnendicksaft oder Honig · 4 flache TL Agar-Agar

400 g Schafjoghurt · $^{1}/_{8}$ l geschlagene Sahne

etwas frischer Zitronensaft

ZUM GARNIEREN:

$^{1}/_{4}$ l Sahne · Birnendicksaft nach Geschmack

etwas Erdbeerpüree · Schokoraspeln

Den Plunderteig in zwei Teile teilen und mit dem Nudelholz auf bemehlter Arbeitsfläche zwei Teigplatten in Springformgröße ausrollen. Dazu gehen Sie wie folgt vor: den ausgewellten Teig auf den Springformboden legen, mit dem Messer

rundherum den Rand abschneiden und diese Teigplatte auf das mit kaltem Wasser abgespülte Backblech stürzen. Die zweite Teigplatte bleibt auf dem Springformboden. Die Teigplatten mit einer Gabel ein paarmal einstechen, damit sich keine Luftblasen bilden. Wenn Sie einen Umluftofen haben, können Sie beide Böden gleichzeitig bei 200°C ca. 25–35 Minuten backen. Haben Sie keinen Umluftherd, so müssen die Teigplatten nacheinander gebacken werden, dafür aber den Backofen vorheizen. Die gebackenen Teigplatten abkühlen lassen. Die Deckelplatte schneiden Sie mit einem scharfen Messer in 14–16 Teile, damit später das Aufschneiden der Tortenstücke leichter geht.
Die gewaschenen, verlesenen bzw. aufgetauten und abgetropften Erdbeeren mit dem Birnendicksaft pürieren, mit dem Agar-Agar in einen Topf geben und unter Rühren einmal aufkochen. Im kalten Wasserbad abkühlen lassen, dabei immer wieder umrühren, damit es gleichmäßig gelieren kann. Den Schafjoghurt mit dem Birnendicksaft, etwas Zitronensaft und der geschlagenen Sahne verrühren und nach und nach das zu gelieren beginnende, nicht mehr zu heiße Erdbeerpüree unterrühren. Achten Sie darauf, daß die Temperaturen von Erdbeer- und Joghurtmasse ungefähr gleich sind, denn sonst bilden sich leicht Klümpchen. Ist die Erdbeermasse schon zu stark geliert, können Sie sie durch vorsichtiges Erhitzen wieder flüssiger machen.
Legen Sie nun den unteren Tortenboden auf eine Kuchenplatte (Sie können auch schon eine Tortenspitze unterlegen), den Springformrand oder einen aus Karton selbstgemachten Tortenring herumlegen und die Fülle gleichmäßig auf den Teigboden streichen. Die 14 Teigplattenstücke obenauf legen, leicht andrücken. Die Torte sollte nun für 2–3 Stunden in den Kühlschrank oder ca. 1 Stunde ins Gefrierfach, wenn es schneller gehen soll. Mit geschlagener Sahne, Erdbeerpüree und Schokoraspeln garnieren.

Ⓖ

Kokostorte mit Erdbeeren

1 Grundrezept Backfermentteig für Torten (siehe Seite 48)

FÜR DIE FÜLLE:

$^1/_2$ l Sojamilch oder Sahne-Wasser-Gemisch

1 Päckchen Vanillepuddingpulver

2 TL Agar-Agar

Birnendicksaft nach Geschmack · 200 g Kokosflocken

100 g Birnendicksaft

$^1/_4$ l Wasser oder naturtrüber Apfelsaft

evtl. etwas frischer Zitronensaft

200 g Erdbeermus (pürierte Erdbeeren)

2 Meßlöffel Biobin · Birnendicksaft nach Bedarf

ZUM GARNIEREN:

1 Becher steifgeschlagene Sahne · Zimtbrösel (aus der obersten Teigplatte hergestellt)

Rechtzeitig einen Tortenboden aus Backfermentteig nach Grundrezept backen; den Teig also mindestens am Abend vorher ansetzen, damit die Torte bis zum Nachmittag des nächsten Tages fertig ist. Den gut abgekühlten Tortenboden zwei- bis dreimal durchschneiden, die oberste Deckelplatte weglegen. Aus dieser können Sie Brösel mit Diätzucker und Zimt in der trockenen Pfanne rösten und als Garnierungszutat für Kuchen und Torten in einer Dose aufbewahren.
Soja, Puddingpulver und Agar-Agar in einem Topf unter ständigem Rühren einmal aufkochen. Den Topf von der Herdstelle nehmen, den Birnendicksaft einrühren und im kalten Wasserbad abkühlen lassen.

Die Kokosflocken mit Wasser, Birnendicksaft und Zitronensaft vermischen und etwas durchziehen lassen.
Die pürierten Erdbeeren mit Biobin binden und eventuell süßen. Sobald der Pudding abgekühlt ist, die Kokosmasse und die Hälfte der Erdbeermasse einrühren.
Der unterste Tortenboden wird nun auf einer Tortenplatte mit dem Springformrand umlegt und der Boden mit der Hälfte des übrigen Erdbeermuses eingestrichen. Darauf die Hälfte der Fülle verteilen, den zweiten Boden auflegen, leicht andrücken und den Rest des Erdbeermuses sowie den Rest der Fülle darauf verstreichen. Falls Sie drei Böden haben, verteilen Sie die Zutaten natürlich auf alle drei. Die oberste Schicht ist die Fülle. Stellen Sie die Torte für 1 Stunde in das Gefrierfach, dadurch wird sie schneller schnittfest. Kurz vor dem Servieren nehmen Sie den Springformrand ab, indem Sie vorher mit einem Messer rundherum schneiden. Die Torte mit steifgeschlagener Sahne und den Zimtbröseln (aus der obersten Tortenbodenplatte) garnieren.

Ⓖ Buttercremetorte mit Brombeeren

1 Grundrezept Backfermentteig für Torten (siehe Seite 48)

GESTRECKTE BUTTERCREME:

1 Päckchen Vanillepuddingpulver

1/2 l Sojamilch oder Sahne-Wasser-Gemisch

2 TL Agar-Agar

Birnendicksaft oder Honig nach Geschmack

200 g Sauerrahmbutter · 100 g Birnendicksaft

FÜR DIE BROMBEERMASSE:

200 g pürierte Brombeeren · 2 Meßlöffel Biobin

Birnendicksaft nach Geschmack

ZUM GARNIEREN:

1 Becher Sahne · Zimtbrösel (aus der Teigplatte hergestellt)

ganze Brombeeren

Am Vorabend den Backfermentteig für Torten wie im Grundrezept beschrieben zubereiten. Am nächsten Morgen wird der Tortenboden fertiggestellt und abgekühlt, dann zwei- bis dreimal quer durchgeschnitten. Die oberste Platte zu Zimtbröseln verarbeiten, indem Sie sie abbröseln und in der trockenen Pfanne mit Zimt und Diätzucker anrösten.

Für die gestreckte Buttercreme einen Vanillepudding kochen, wobei Sie alle Zutaten in die Flüssigkeit einrühren und unter ständigem Rühren die Masse einmal aufkochen. Den Topf vom Herd nehmen, den Birnendicksaft nach Geschmack einrühren und im kalten Wasserbad abkühlen lassen. Die Sauerrahmbutter leicht erwärmen, schaumig schlagen, den Birnendicksaft und zuletzt den abgekühlten Vanillepudding unterrühren, abschmecken.

Die gewaschenen Brombeeren pürieren, eventuell durch ein Sieb streichen, falls Sie die Körnchen nicht mögen, mit Biobin binden und nach Geschmack mit Birnendicksaft süßen.
Einen Teigboden auf der Tortenplatte mit dem Springformrand umlegen und die Hälfte des Brombeermuses auf den Boden streichen, die Hälfte der Buttercreme darüberziehen. Die zweite Tortenplatte aufsetzen, etwas andrücken, den Rest des Brombeermuses aufstreichen, ebenso den Buttercremerest. Falls Sie drei Böden haben, verteilen Sie die Fülle auf alle drei, wobei die oberste Schicht aus Buttercreme bestehen soll. Auf die Buttercreme streuen Sie die vorbereiteten Zimtbrösel und geben die Torte für 1 Stunde in das Gefrierfach, damit sie schneller schnittfest wird. Kurz vor dem Servieren den Springformrand abnehmen, indem Sie mit einem Messer rundherum schneiden. Mit steifgeschlagener Sahne und ganzen Brombeeren die Torte garnieren.

Kürbisstrudel

1 Grundrezept Strudelteig (siehe Seite 41)
FÜR DIE FÜLLE:
750 g gewürfeltes Kürbisfruchtfleisch · 1/8 l Wasser
50 g Birnendicksaft · 100 g ungeschwefelte Rosinen
2 Meßlöffel Biobin (Reformhaus) · 1 Msp Vanillepulver
100 g gemahlene Cashewkerne · 2 Äpfel
2–3 EL Crème fraîche zum Bestreuen des Strudelteiges
Sojamilch und Sesam zum Einpinseln und Bestreuen des fertig aufgerollten Strudels

Die Kürbiswürfel in etwas gesüßtem Wasser 5 Minuten kochen, abgießen und abkühlen lassen. Den Saft können Sie für eine süßsaure Kürbiscremesuppe aufheben.

Die gewaschenen Rosinen, die gemahlenen Cashewkerne, die geraspelten Äpfel, Biobin, Vanillepulver und Birnendicksaft oder Honig zum abgekühlten Kürbis geben und gut durchmischen; abschmecken.
Den Strudelteig auf einem leicht bemehlten Brett auswellen, auf ein bemehltes Tuch legen, mit Crème fraîche bestreichen, die Fülle gleichmäßig darauf verteilen und den Teig mit Hilfe des Tuches aufrollen, dabei aber zuerst die Seiten des Teiges einschlagen. Den Strudel auf ein gefettetes Backblech legen, mit Sojamilch oder Sahne einpinseln und mit Sesam bestreuen. Bei 200°C (Umluft 175°C) ca. 45–60 Minuten backen.
Dazu paßt eine Vanillesauce (siehe Seite 61).

Apfelkuchen vom Blech

1 Grundrezept Mürbteig (wahlweise glutenfrei, siehe Seiten 37/38)

FÜR DEN BELAG:

$1\frac{1}{2}$ kg Äpfel (geputzt ca. 1 kg)

100 g ungeschwefelte Rosinen · 1 Becher Crème fraîche

1 EL Zimt · 1 gehäufter Meßlöffel Biobin

Birnendicksaft oder Honig nach Geschmack

Äpfel waschen, vierteln und das Kernhaus herausschneiden. Die Früchte mit der Schale grob raspeln, am besten in der Küchenmaschine. Falls Sie keine haben, empfiehlt es sich, die Äpfel zu schälen. Die gewaschenen Rosinen einschließlich aller anderen Zutaten mit den geraspelten Äpfeln vermischen. Den Mürbteig zwischen zwei Folien auswellen, auf ein gefettetes Blech legen, fertig ausrollen und den Belag gleichmäßig darauf verteilen. Bei 175–200°C ca. 35–40 Minuten backen.

Traubentorte

1 Grundrezept Mürbteig süß (wahlweise glutenfrei, siehe Seiten 37/38)

FÜR DIE FÜLLE:

250 ml frisch gepreßter Traubensaft

evtl. etwas Zitronensaft · 150 ml Birnendicksaft oder Honig

2 TL Agar-Agar · 250 g Schafjoghurt oder pürierter Tofu

100 ml Birnendicksaft oder Honig · 100 ml Sahne

evtl. etwas Zitronensaft und 1 Msp Vanillepulver

ZUM GARNIEREN:

$^1/_4$ l geschlagene Sahne

Birnendicksaft oder Honig nach Bedarf · 14–16 Trauben

geraspelte Zartbitterschokolade (z. B. von Rapunzel) oder Carobschokolade für den Rand

Einen Mürbteig nach Wahl herstellen und für $^1/_2$ Stunde in den Kühlschrank stellen. Zwei runde Teigplatten auswellen – am besten zwischen zwei Folien –, davon eine als Boden in eine gefettete Springform legen. Die zweite Teigplatte von derselben Größe auf einem gefetteten Backblech ein paar Mal mit einer Gabel einstechen, damit sich keine Luftblasen bilden. Beim Boden ebenso verfahren. Beide Platten bei 200°C gleichzeitig ca. 25 Minuten backen; gut auskühlen lassen.
Für die Fülle eine Traubengrütze herstellen. Dazu Traubensaft, Birnendicksaft oder Honig und Agar-Agar in einem Topf verrühren und zum Kochen bringen, dabei ständig umrühren. Im eiskalten Wasserbad unter wiederholtem Umrühren erkalten lassen. Inzwischen den Schafjoghurt mit Birnendicksaft oder Honig und Sahne schaumig schlagen, Zitronensaft und Vanillepulver zugeben und gut abschmecken, eventuell nachsüßen. Die abgekühlte, zu gelieren beginnende Grütze unter die Jo-

ghurtmasse rühren. Dabei auf ungefähr gleiche Temperatur von Grütze und Joghurtmasse achten, sonst gibt es Klümpchen. Falls die Grütze schon zu fest ist, läßt sie sich durch Erhitzen wieder verflüssigen. Die Fülle auf die Mürbteigplatte in der Springform geben, die zweite Mürbteigplatte auflegen, etwas andrücken und für mindestens 2 Stunden in den Kühlschrank stellen. Die Torte aus der Form nehmen, auf einer Kuchenplatte anrichten, mit der geschlagenen Sahne den Rand und den Deckel einstreichen, mit der Spritztülle garnieren, Trauben aufsetzen und den Rand mit Schokoladenraspeln garnieren.

Tip: Die Torte schmeckt am nächsten Tag sehr saftig, weil der Mürbteig dann gut durchgezogen ist. Außerdem läßt sie sich dann besser aufschneiden.

Ⓖ *Kirschrolle*

bei Kindern sehr beliebt!

1 Grundrezept Hefeteig süß (siehe Seite 36) mit zusätzlich 50 g gemahlenen Mandeln

1 Grundrezept Mürbteig süß (siehe Seite 37), mit zusätzlich 50 g Kakao oder Carob und 2 EL Birnendicksaft

500 g entsteinte Kirschen · 50 g gehackte Cashewkerne

1 Rezept Schokoladen- oder Carobglasur (siehe Seite 162) bzw. 1 Tafel milchfreie geschmolzene Zartbitterschokolade (z. B. von Rapunzel), in die Sie 20 g ungehärtetes Kokosfett einrühren, etwas gerösteter Sesam zum Bestreuen

Beide Teige nach Anleitung herstellen. Den Hefeteig auf bemehlter Arbeitsfläche 35 x 40 cm ausrollen und auf ein bemehltes Tuch legen. Den Mürbteig zwischen zwei Folien in der gleichen Größe auswellen und auf die Hefeteigplatte legen. Nun den Teig mit Kirschen und gehackten Cashewkernen be-

legen und von unten nach oben aufrollen, dabei die Seiten vorher einschlagen. Die Rolle auf ein gefettetes Backblech legen und mit Sahne einpinseln. Mit einem Tuch abdecken und noch kurz aufgehen lassen. Den Backofen auf 200°C vorheizen, Backzeit 45–60 Minuten.
Die abgekühlte Kirschrolle mit einer Schokoladenglasur bestreichen und mit geröstetem Sesam bestreuen.

(G) *Kokoskuchen*

Ergibt 2 Kastenformen
FÜR DEN BACKFERMENTTEIG ABENDS (1. STUFE):
400 g warmes Wasser · 1 TL Sekowa-Backferment
1 TL Sekowa-Grundansatz · 400 g Dinkelvollkornmehl
FÜR DIE 2. STUFE MORGENS:
300 g Kokosflocken
250 ml warmes Sahne-Wasser-Gemisch
200 g Birnendicksaft oder Honig
600 g Dinkelvollkornmehl · 1 Prise Vollmeersalz
200 g weiche Sauerrahmbutter oder Pflanzenmargarine
200 g Carobschokolade
FÜR DIE GLASUR:
1 Tafel Carobschokolade oder milchfreie Zartbitterschokolade (z. B. von Rapunzel)
25 g ungehärtetes Kokosfett · Kokosflocken zum Bestreuen

Den Backfermentteig (1. Stufe) anrühren und wie im Grundrezept beschrieben mindestens 12 Stunden bei 28°C warm stellen, dabei mit Folie bedecken, damit der Teig nicht austrocknet. Zum Vorteig Mehl, Salz, Birnendicksaft, Butter und die in dem Sahne-Wasser-Gemisch eingeweichten Kokosflocken geben und so lange durchkneten, bis sich der Teig vom Schüsselrand löst. Die Carobschokolade in der Küchenmaschine klein hacken und unter den Teig rühren. Mit der Folie die Schüssel abdecken und wieder 1–2 Stunden warm stellen. Den Teig ein letztes Mal kneten und in zwei gefettete Kastenformen aufteilen. Den Backofen auf 175°C vorheizen. Wenn der Teig in der Form zur Hälfte aufgegangen ist, wird er bei 175°C ca. 60 Minuten gebacken. Den fertigen Kuchen aus der Form nehmen und auf einem Gitter auskühlen lassen. Inzwischen die Glasur der Wahl zubereiten und auf den ausgekühlten Kuchen streichen; mit Kokosflocken bestreuen.

Tip: Am besten schmeckt dieser Kuchen, wenn er einen Tag alt ist. Den zweiten Kuchen können Sie einfrieren.

(G) *Cashew-Eis-Torte*

1 Grundrezept Hefeteig (siehe Seite 36)
mit zusätzlich 3 EL Cashewmus

FÜR DIE FÜLLE:

100 g Cashewmus · 150–200 g Birnendicksaft oder Honig

2 Meßlöffel Biobin oder $^1/_2$ TL Guarkernmehl

100 g gemahlene, geröstete Cashewkerne · $^3/_8$ l Sahne

Apfelsaft naturtrüb

ZUM GARNIEREN:

$^1/_4$ l Sahne · Süßungsmittel nach Bedarf

50 g gemahlene, geröstete Cashewkerne

100 g Hefekuchenbrösel · etwas Zimt

1 EL Diätzucker Sionon · 14–16 ganze Cashewkerne

Hefeteig nach Grundrezept herstellen, aber zusätzlich das Cashewmus mit in den Teig geben. Den gegangenen und

nochmals kräftig durchgekneteten Hefeteig in eine gefettete Springform legen, glattdrücken und im Backofen bei 200°C (nicht vorheizen) ca. 40 Minuten backen. Zum Auskühlen aus der Form nehmen und auf ein Kuchengitter legen. Vom gut ausgekühlten Kuchen die oberste, harte Schicht für die Brösel waagerecht wegschneiden und dann einmal durchteilen. Die zwei Hefeteigplatten mit etwas Apfelsaft tränken.
Die Zutaten für die Fülle in einer Schüssel verrühren, die steifgeschlagene Sahne unterziehen und abschmecken, ob es süß genug ist. Die Bodenplatte wieder in die Springform einlegen, die Cashewsahne darauf verteilen. Die Deckplatte auflegen, leicht andrücken und eventuell mit noch etwas Apfelsaft beträufeln. Nun die Torte für 5–7 Stunden in die Tiefkühltruhe stellen.
Für die Garnitur die Sahne steif schlagen und süßen. Aus der abgeschnittenen obersten Kuchenplatte Brösel herstellen und diese mit Zimt und Diätzucker in der Pfanne kurz anrösten. Die gemahlenen, gerösteten Cashewkerne zugeben, vermischen und abkühlen lassen.

Tip: Da Sie nur 100 g Hefekuchenbrösel benötigen, können Sie den Rest in einer Dose aufbewahren. Am besten aber kurz in der Pfanne trocknen lassen, denn sonst kann es sein, daß die Brösel bei zuviel Feuchtigkeit zu schimmeln anfangen. Die Torte aus dem Eisfach nehmen, den Deckel und den Rand mit der geschlagenen Sahne bestreichen, die Brösel aufstreuen, 14–16 Sahnetupfer am äußeren Deckelrand aufspritzen und jeweils einen Cashewkern darauflegen.

Erdbeerkuchen

1 Grundrezept Mürbteig süß, wahlweise glutenfrei (siehe Seiten 37/38)

FÜR DEN BELAG:

1 Packung Vanillepuddingpulver

$^1/_2$ l Sojamilch oder Sahne-Wasser-Gemisch

Birnendicksaft nach Geschmack

500 g Erdbeeren frisch oder aufgetaut

$^1/_4$ l Erdbeersaft oder Apfelsaft · 1 gehäufter TL Agar-Agar

Einen Mürbteig nach Wahl herstellen, $^1/_2$ Stunde kühlen, zwischen zwei Folien auswellen und in eine gefettete Quiche- oder Springform geben. Bei 200°C ca. 25 Minuten backen und auskühlen lassen. Einen Vanillepudding nach Anleitung kochen, erkalten lassen.
Bei Verwendung von frischen Erdbeeren: Den Apfelsaft mit dem Agar-Agar in einem Topf einmal aufkochen, von der Herdplatte nehmen und die geputzten, halbierten Erdbeeren unterheben. Im kalten Wasserbad abkühlen lassen.
Bei Verwendung von tiefgefrorenen Erdbeeren: Erdbeeren auftauen lassen, den Saft abgießen ($^1/_4$ l) und mit dem Agar-Agar in einem Topf einmal aufkochen, von der Herdstelle nehmen und die abgetropften Erdbeeren unterrühren. Im kalten Wasserbad abkühlen lassen. Den Vanillepudding auf dem Mürbteig verteilen und darauf die zu gelieren beginnende Erdbeermasse mit dem Teigschaber gleichmäßig auftragen. Den Kuchen für 1–2 Stunden in den Kühlschrank stellen, bevor man ihn anschneiden kann.

Tip: Sollte Ihnen vom Mürbteig etwas übrig bleiben, so können Sie mit speziellen Formen noch ein paar kleine Törtchen herstellen, belegen und diese als Vorrat für Ihre Kinder einfrieren.

Apfel-Zwetschgenkuchen

1 Grundrezept Mürbteig süß, wahlweise glutenfrei (siehe Seiten 37/38)

FÜR DEN BELAG:

500 g Zwetschgenmus · 2 TL Agar-Agar

Süßungsmittel nach Geschmack · 600 g geraspelte Äpfel

1 TL Zimt · 2 EL Crème fraîche

ZUM BESTREUEN:

Sesam und gehackte Cashewkerne

Den Mürbteig herstellen und 30 Minuten kühlen. 500 g Zwetschgenkompott (kalt) pürieren. Agar-Agar unterrühren, eventuell nachsüßen und in einem Topf einmal aufkochen, im Wasserbad abkühlen lassen, dabei immer wieder umrühren, damit es gleichmäßig geliert. Die Äpfel schälen, das Kernhaus entfernen, die Früchte grob raspeln. Zimt und Crème fraîche unterheben und auf den in eine Quicheform gelegten Teig streichen. Bei 200°C 30 Minuten backen, etwas abkühlen lassen und das zu gelieren beginnende Zwetschgenmus darüberstreichen. Den Sesam und die Cashewkerne (eventuell in der trockenen Pfanne geröstet, das verbessert den Geschmack) darüberstreuen und für 1–2 Stunden in den Kühlschrank stellen.

Ⓖ *Ananastorte*

1 Grundrezept Hefeteig (siehe Seite 36)
FÜR DIE FÜLLE:
1 frische Ananas · $^1/_2$ l Wasser
75–100 g Birnendicksaft oder Honig
1 gehäufter TL Agar-Agar · 200 g Schafjoghurt
100 g Birnendicksaft oder Honig
2 EL Cashew- oder Mandelmus
100 g geröstete Sonnenblumenkerne
ZUM GARNIEREN:
1 Becher Sahne und Ananasstücke

Am besten schon am Vortag einen Hefeteig zubereiten, in eine gefettete Springform geben, glattdrücken, nochmals kurz gehen lassen und bei 200°C ca. 40 Minuten backen. Etwas abgekühlt aus der Form nehmen, auf ein Kuchengitter legen und gut auskühlen lassen. Den erkalteten Hefekuchen zweimal durchschneiden und mit etwas Ananas- oder Apfelsaft tränken.
Die Ananas schälen, in kleine Würfel schneiden und mit dem Wasser und dem Birnendicksaft 5–10 Minuten kochen. Die Ananas zum Abtropfen in ein Sieb schütten, den Saft auffangen ($^1/_2$ l) und abkühlen lassen. Unter den erkalteten Ananassaft das Agar-Agar rühren und einmal kurz aufkochen, in einem Wasserbad unter wiederholtem Rühren abkühlen lassen.
Den Schafjoghurt mit Birnendicksaft, Cashewmus und den gerösteten Sonnenblumenkernen verrühren, den zu gelieren beginnenden Ananassaft unter ständigem Rühren einfließen lassen. Der Saft darf weder zu heiß (die Joghurtmasse gerinnt sonst), noch zu fest geliert sein (ergibt sonst Klümpchen). Nun noch $^1/_3$ der geschlagenen Sahne unterheben, ebenso die Ananasstücke.

Auf die unterste Teigplatte ca. $^{1}/_{3}$ der Fülle streichen, die mittlere Platte auflegen und wieder $^{1}/_{3}$ der Fülle darauflegen, wobei Sie die Ananasstücke auf diese zwei Lagen aufteilen können. Den Deckel mit der Oberseite nach unten auflegen. Dadurch läßt sich die Torte besser schneiden und essen. Mit dem Rest der Fülle nun den Deckel und den Rand einstreichen. Mit der restlichen Sahne, den Ananasstücken und ein paar gerösteten Sonnenblumenkernen die Torte garnieren.

Hirsekuchen

300 g Blätterteig (siehe Seite 42)

FÜR DEN BELAG:

250 g Hirse · $^{1}/_{2}$ l Wasser

$^{1}/_{8}$ l Sojamilch oder Sahne-Wasser-Gemisch

300 g frische oder tiefgefrorene Johannisbeeren

50 g gemahlene Cashewkerne · 1 TL Zimt

150 g Birnendicksaft oder Honig

1 gehäufter TL Guarkernmehl

ZUM GARNIEREN:

30 g Sauerrahmbutter · 3 EL Birnendicksaft

100 g blättrige Mandeln · 50 ml Sahne

Den Blätterteig auf bemehlter Arbeitsfläche ausrollen und in eine kalt ausgespülte Springform legen. Dabei auf einen gleichmäßigen Rand (ca. 3 cm hoch) achten. Damit der Rand beim Backen nicht abrutscht, füllen Sie auf einer Lage Pergament- oder Backpapier soviele getrocknete Erbsen ein, daß sie fast bis zum Randende reichen. Im vorgeheizten Backofen bei 180°C 10 Minuten vorbacken.

Die Hirse mit dem Wasser in einem Topf zum Kochen brin-

gen und bei mittlerer Hitze ca. 30 Minuten garkochen. Die Hirsekörner sollen noch einen »Biß« haben. Den ausgekühlten Hirsebrei in einer Schüssel mit den restlichen Zutaten verrühren, gut abschmecken.
Für den Mandelbelag (die Garnitur) Butter, Birnendicksaft und Mandeln in einem Topf erhitzen, bis die Masse goldbraun wird, dann mit der Sahne ablöschen und gut durchrühren.
Die Erbsen aus dem vorgebackenen Blätterteig schütten (man kann sie immer wieder verwenden) und die Hirsemasse darauf glattstreichen. Den Mandelbelag gleichmäßig darüber verteilen. Bei 200°C noch mal 15 Minuten backen. Dieser Kuchen schmeckt sehr saftig.

Bananenkuchen

3 EL Sojamehl · 6 EL Wasser · 150 g Sauerrahmbutter

100 g Birnendicksaft oder Honig · 2 Bananen

200 g gemahlene Mandeln oder Cashewkerne

250 g Kamutvollkornmehl oder Dinkelvollkornmehl

1/2 Päckchen Weinstein-Backpulver

ZUM GLASIEREN:

1 Rezept Schokoladenglasur (siehe Seite 162) oder 1 Tafel Carobschokolade bzw. milchfreie Zartbitterschokolade (z. B. von Rapunzel)

20 g ungehärtetes Kokosfett

Sojamehl und Wasser gut schaumig schlagen, die zerlassene Butter langsam einfließen lassen, so daß eine cremige, glänzende Masse entsteht. Die Bananen mit dem Birnendicksaft oder Honig pürieren und in die Schaummasse rühren. Nun die gemahlenen Mandeln oder Cashewkerne und das Mehl unterrühren.

Diesen Rührteig 1/2 Stunde quellen lassen, dann erst das Backpulver untermischen. Den Ofen auf 200°C vorheizen, den Teig in eine gefettete Kasten- oder Herzform füllen und 30 Minuten bei 200°C, die restlichen 15 Minuten bei 175°C backen. Mit einem Holzstäbchen die Garprobe machen. Wenn kein Teig mehr hängen bleibt, den Kuchen aus dem Ofen nehmen und in der Form auskühlen lassen.
Eine Schokoladenglasur herstellen oder, wenn es schnell gehen soll, 1 Tafel milchfreie Schokolade mit 20 g Kokosfett im heißen Wasserbad schmelzen und damit den ausgekühlten Bananenkuchen einstreichen.

Kirschstrudel

1 Grundrezept Strudelteig *(siehe Seite 41)*

FÜR DIE FÜLLE:

250 g Tofu (= Sojaquark)

Birnendicksaft oder Honig nach Geschmack

Sojamilch oder Sahne-Wasser-Gemisch

1 Becher Crème fraîche · 500 g Kirschen

ZUM BESTREICHEN UND BESTREUEN:

Sauerrahmbutter · Sesam

Einen Strudelteig nach dem Grundrezept herstellen. Für die Fülle den Tofu mit Birnendicksaft oder Honig und Sojamilch pürieren, so daß eine cremige Masse entsteht; abschmecken.
Den Strudelteig nach Grundrezept auswellen, mit der Crème fraîche bestreichen, die Tofucreme daraufstreichen und zuletzt die entkernten Kirschen, bzw. die aufgetauten und abgetropften Kirschen darauf verteilen. Die Längsseiten einschlagen und den Teig mit Hilfe des Tuches aufrollen, auf ein gefettetes

Backblech legen und mit zerlassener Butter oder mit Sahne bestreichen. Mit Sesam bestreuen und im vorgeheizten Backofen bei 200°C ca. 45–60 Minuten backen.

Tip: Dazu paßt ein Kirschsauce aus $^{1}/_{2}$ l Kirschsaft, $^{1}/_{2}$ Päckchen Vanillepudding, Birnendicksaft und etwas Sahne. Zubereitung siehe Gebrauchsanleitung Vanillepudding.

Johannisbeerkuchen

1 Grundrezept Mürbteig süß, wahlweise glutenfrei (siehe Seiten 37/38)

150 g Birnendicksaft oder Honig · 3 gehäufte EL Sojamehl

1 Becher Crème fraîche · 2 EL Vollkornsemmelbrösel

2 EL Haferflocken · 1 Meßlöffel Biobin

300–400 g frische oder gefrorene Johannisbeeren

Einen Mürbteig nach Wahl herstellen und $^{1}/_{2}$ Stunde kühlen. Den Birnendicksaft mit dem Sojamehl verrühren. Crème fraîche, Vollkornsemmelbrösel, Haferflocken und Biobin zugeben und gut verrühren; abschmecken.
Den Mürbteig zwischen zwei Folien auswellen und eine gefettete Springform damit auslegen, einen 2 cm hohen Rand drücken. Einen Rest Mürbteig für das Gitter aufbewahren. Mit einer Gabel den Teigboden ein paarmal einstechen. Bei 200°C 10 Minuten vorbacken.
Die frischen oder gefrorenen Johannisbeeren unter die Creme heben und anschließend auf den vorgebackenen Mürbteig streichen. Vom Rest Mürbteig Gitterstreifen zurechtschneiden und auf den Kuchen legen. Nun wird der Kuchen noch weitere 40–45 Minuten bei 200°C gebacken.

Mandelkuchen (Backfermentteig)

FÜR DIE 1. STUFE ABENDS:

200 g warmes Wasser

je $^1/_2$ TL Sekowa-Backferment und Sekowa-Grundansatz

200 g Dinkelvollkornmehl

FÜR DIE 2. STUFE MORGENS:

300 g Dinkelvollkornmehl · 1 Prise Vollmeersalz

50 g Mandelmus · 200 g gemahlene Mandeln

100 g Sauerrahmbutter · 150 g Birnendicksaft oder Honig

100 g Diätzucker

FÜR DIE GLASUR:

$^1/_2$ Tafel Carobschokolade oder milchfreie Zartbitterschokolade (z. B. von Rapunzel)

10 g ungehärtetes Kokosfett

1. Stufe abends: Das Wasser in eine Schüssel gießen, das Sekowa-Backferment sowie den Grundansatz darin auflösen. Das Vollkornmehl gut einrühren, mit einer Folie abdecken und mindestens 12 Stunden bei 28°C gehen lassen. Näheres hierzu finden Sie im Grundrezept Backfermentteig (siehe Seite 44).
2. Stufe morgens: Zum Vorteig werden nun die restlichen Zutaten wie Mehl, Salz, Mandelmus, gemahlene Mandeln, weiche Sauerrahmbutter und die Süßungsmittel gegeben und gut durchgerührt. Der Teig sollte nicht zu weich sein und eher einem Rührteig ähneln. Den Teig nochmals mit Folie abdecken und bei 28°C 2–3 Stunden gehen lassen. Den Backofen auf 200°C vorheizen, die Backform fetten. Bevor der Teig in die Form kommt, wird er ein letztes Mal durchgeschlagen; man läßt ihn in der Form etwas aufgehen, bevor er gebacken wird. Die Backdauer beträgt 60–70 Minuten bei

175°C. Nach dem Backen nehmen Sie den Mandelkuchen aus der Form und lassen ihn auf einem Gitter auskühlen.
Die Schokolade und das Kokosfett in einer Tasse im heißen Wasserbad erhitzen. Der ausgekühlte Kuchen wird mit der Glasur eingepinselt. Sie können als Garnitur auf die noch feuchte Glasur ein paar gehobelte Mandeln aufstreuen.

Tip: Als Variante bietet sich ein Cashewkuchen an. Anstatt des Mandelmuses verwenden Sie Cashewmus und statt der gemahlenen Mandeln eben gemahlene Cashewkerne. Auch dieser Kuchen entwickelt sein volles Aroma erst am nächsten Tag.

(G) Mohnkuchen

1 Grundrezept Mürbteig süß, wahlweise glutenfrei
(siehe Seiten 37/38)

FÜR DIE FÜLLE:

200 g gemahlener Mohn · 50 g gemahlener Sesam

100 g Birnendicksaft oder Honig

50 g ungeschwefelte Rosinen · 50 g Sonnenblumenkerne

2 mittelgroße Äpfel · 300 g Sahne-Wasser-Gemisch

Zimt und Vanillepulver nach Geschmack und Verträglichkeit

evtl. etwas frisch gepreßter Zitronensaft

Einen Mürbteig nach Wahl herstellen und $^1/_2$ Stunde kühlen. Den Mohn mit dem Sesam in der Stahl-Getreidemühle mahlen oder in die Mohnmühle bzw. die Haferflockenquetsche geben. Die Rosinen mit heißem Wasser überbrühen und abtropfen lassen. Die Äpfel waschen, eventuell schälen und grob raspeln. Alle Zutaten in einer Schüssel vermischen, zuletzt die heiße Sahne-Wasser-Mischung darübergießen, gut verrühren und 15 Minuten quellen lassen.

Den Mürbteig zwischen zwei Folien auswellen und eine gefettete Springform damit auslegen, dabei einen 2–3 cm hohen Rand drücken und Teigreste beiseite legen. Mit der Mohnmasse füllen, diese mit der Teigkarte glattstreichen. Aus den Mürbteigresten Streifen schneiden und diese in Rautenform auf den Kuchen legen. Bei 200°C ca. 40 Minuten backen.

Mohnguglhupf

1 Grundrezept Hefeteig (siehe Seite 36)
mit 1/8 l Wasser und 1/8 l Sahne

FÜR DIE MOHNMASSE:

250 g gemahlener Mohn

100 g gemahlene Mandeln oder Cashewkerne

150 g Birnendicksaft oder Honig

50 g ungeschwefelte Rosinen · 150 g Wasser

150 g Sahne · 1/2 Becher Crème fraîche

Einen festen Hefeteig nach Grundrezept herstellen und gut gehen lassen. Den gemahlenen Mohn und die gemahlenen Mandeln oder Cashewkerne in einer Schüssel vermischen, die mit heißem Wasser überbrühten Rosinen und den Birnendicksaft zugeben, mit der heißen Sahne-Wasser-Mischung übergießen und gut verrühren, Crème fraîche unterrühren. Diese Mohnmasse sollte 15 Minuten quellen.

Den gegangenen Hefeteig noch einmal kräftig auf bemehlter Arbeitsfläche durchkneten und mit dem Nudelholz auf eine Größe von 40 x 45 cm auswellen. Die Mohnmasse bis zum Rand daraufstreichen und den Teig von unten nach oben gleichmäßig aufrollen. Die gefüllte Rolle vorsichtig in eine gefettete Guglhupfform legen, dabei sollten sich die Rollenenden in der Form gut verbinden. Mit den Händen noch etwas nachdrücken. Mit Sahne bepinseln und ca. 15 Minuten gehen lassen. Die Backzeit beträgt im Umluftherd bei 175°C ca. 60 Minuten. Nach dem Backen aus der Form nehmen und auskühlen lassen, mit Diätzucker bestäuben. Dieser Mohnguglhupf schmeckt frisch am besten.

Rosinenkuchen

400 g Dinkelvollkornmehl

2 EL Sojamehl oder 2 flache EL Arrowroot

80 g Sauerrahmbutter · 100 g Sahne · 100 g Wasser

150 g ungeschwefelte Rosinen

150 g Birnendicksaft oder Honig

1/2 Päckchen Weinstein-Backpulver

Butter und Sesam für die Form

1/2 Rezept Helle Glasur (siehe Seite 162) aus Birnendicksaft und Kokosfett

Das Dinkelvollkornmehl in eine Schüssel geben. Sojamehl oder das in etwas Wasser angerührte Arrowroot, die zerlassene Sauerrahmbutter, Sahne, Wasser, Birnendicksaft, die heiß überbrühten, abgetropften Rosinen zusammen in das Mehl einrühren und den Teig 1–2 Stunden quellen lassen. Das Weinstein-Backpulver unterrühren; der Teig soll eine eher feste Beschaffenheit haben. Den Ofen auf 200°C vorheizen, die Kastenform buttern und mit Sesam ausstreuen. Den Teig einfüllen, mit der Teigkarte glattstreichen und 50–60 Minuten backen.
Den fertigen Kuchen aus dem Backrohr holen, noch in der Form belassen und die Oberseite mit der hellen Glasur bestreichen; eventuell ein zweites Mal wiederholen. Den ausgekühlten Kuchen nun aus der Form auf ein Kuchengitter stürzen, wenden und auf eine Kuchenplatte legen.

Tip: Dieser Kuchen läßt sich erst nach 4–5 Stunden gut aufschneiden. Vorher besteht die Gefahr, daß die abgeschnittenen Kuchenscheiben zu sehr bröseln.

Ⓖ *Himbeertorte*

FÜR DEN TORTENBODEN:

250 g warmes Wasser · 1 TL Sekowa-Backferment

1 TL Sekowa-Grundansatz · 300 g Dinkelvollkornmehl

Den Vorteig für den Tortenboden am besten schon am Vorabend herstellen. Das garantiert auch einen lockeren Teig. Das Wasser in eine Schüssel geben und mit dem Schneebesen Backferment und Grundansatz einrühren, so daß sich beides gut auflösen kann. Von der Mitte her das Vollkornmehl einrühren. Die Schüssel mit einer Folie abdecken; der Teig darf nicht trocken werden. Ich stelle die Schüssel in das Backrohr und lege eine Lampe mit einer 25-Watt-Birne mit in das Rohr. Die angeschaltete Lampe erzeugt gerade soviel Temperatur (28–30°C), wie man sie für den Backfermentteig benötigt. Der Vorteig sollte mindestens 12 Stunden stehenbleiben.

FÜR DEN HAUPTTEIG:

300 g Dinkelvollkornmehl · 80 g Sauerrahmbutter

80 g Birnendicksaft oder Honig · 1 Prise Salz

etwas Flüssigkeit nach Bedarf

Zum Vorteig nun die restlichen Zutaten einrühren, so daß ein geschmeidiger Teig entsteht. Nachdem Sie den Teig gut durchgeknetet haben, decken Sie ihn wieder mit einer Folie ab und stellen ihn an einen warmen Ort (Backofen/Lampe), wo er mindestens 1 Stunde stehen bleiben soll.

Den aufgegangen Teig auf leicht bemehlter oder gefetteter Arbeitsfläche durchkneten und in eine gefettete Springform legen. Nun muß der Teig ein letztes Mal zugedeckt an einem warmen Ort 1 Stunde ruhen. Den Backofen auf 200°C vorheizen und ein Schälchen mit heißem Wasser auf den Boden der Backröhre stellen.
Den Tortenboden bei 200°C 45–60 Minuten backen. Auf einem Gitter abkühlen lassen.

FÜR DIE FÜLLE:
100 ml Wasser · 100 ml Birnendicksaft
4 TL Guarkernmehl (pflanzliches Bindemittel für kalte Speisen)
500 g aufgetaute oder frische Himbeeren
1 Becher geschlagene Sahne
200 g geröstete Sonnenblumenkerne
ZUM GARNIEREN:
geriebene Carobschokolade und geröstete Sonnenblumenkerne

Wasser oder den Saft der Himbeeren mit dem Birnendicksaft in eine Schüssel geben und das Guarkernmehl mit dem Schneebesen einrühren. Die aufgetauten oder frischen Himbeeren unterheben. Ebenso vorsichtig die geschlagene Sahne darunterziehen. Von der Sahne und den Himbeeren etwas zum Garnieren übrig lassen.
Den Tortenboden zweimal durchschneiden. Auf die untere Platte $^{1}/_{3}$ der Fülle streichen und $^{1}/_{3}$ der Sonnenblumenkerne verteilen und zuletzt den Teigdeckel, aber umgekehrt, auflegen. Dadurch läßt sich die Torte später besser schneiden. Die restliche Fülle obenauf streichen, ebenso den Rand bestreichen und mit der restlichen Sahne, Sonnenblumenkerne, Himbeeren und Schokolade garnieren. Für 1–2 Stunden kalt stellen.

Ⓦ *Weihnachtsstollen*

500 g Dinkelvollkornmehl

1 Päckchen Weinstein-Backpulver · 1 Prise Vollmeersalz

1 Msp Vanillepulver · 1 TL Zimt · 75 g Diätzucker

2 EL Sojamehl oder 1 EL Arrowroot mit 4 EL kaltem Wasser angerührt

175 g Sauerrahmbutter

250 g Sahnequark oder Sojaquark (Tofu)

250 g ungeschwefelte, gewaschene Rosinen

150 g gemahlene Mandeln oder Cashewkerne

100 g zerkleinerte Trockenfrüchte (z. B. Birnen, Feigen, Datteln, Äpfel, Pflaumen)

200 g Birnendicksaft oder Honig

ZUM BESTREICHEN:

1 EL Sojamehl · 2 EL Sahne

ALS GUSS:

Helle Glasur (siehe Seite 162) und zerlassene Sauerrahmbutter

Das Mehl auf die Arbeitsplatte häufen, in die Mitte eine genügend große Vertiefung drücken. Alle trockenen Zutaten auf den Mehlrand verteilen, die flüssigen Zutaten in die Mulde geben. Mit zwei Teigkarten von außen her alles hacken und mischen, mit den Händen zügig zu einem glatten Teig kneten und ca. eine halbe Stunde ruhen lassen. Den Teig halbieren, zwei längliche Stollen formen und auf ein gefettetes Backblech legen. Mit der Sojasahne bestreichen, in den auf 250°C vorgeheizten Backofen schieben und ca. 1 Stunde bei 175°C backen. Den ausgekühlten Stollen abwechselnd mit zerlassener Sauerrahmbutter und einer hellen Glasur bestreichen, dazwischen immer wieder antrocknen lassen.

Tip: Dieser Stollen läßt sich sehr gut tiefkühlen oder an einem kühlen, dunklen Ort in einem entsprechenden Behälter längere Zeit aufbewahren.

Ⓖ *Marmorkuchen (Backfermentteig)*

FÜR DIE 1. STUFE ABENDS:

200 g warmes Wasser

je 1/2 TL Sekowa-Backferment und Sekowa-Grundansatz

200 g Dinkelvollkornmehl

FÜR DIE 2. STUFE MORGENS:

150 g Dinkelvollkornmehl · 150 g Hartweizenmehl

1 Prise Vollmeersalz · 150 g Sauerrahmbutter

150 g Diätzucker (Sorbit)

ca. 50 g Sahne-Wasser-Gemisch

3 EL Kakao · 2 EL Diätzucker

1/2 Tafel Carobschokolade oder milchfreie Zartbitterschokolade (z. B. von Rapunzel) · 10 g ungehärtetes Kokosfett

1. Stufe abends: Das Wasser in eine Schüssel geben und das Sekowa-Backferment sowie den Grundansatz darin auflösen. Das Vollkornmehl dazurühren. Mit einer Folie abdecken und bei 28°C mindestens 12 Stunden gehen lassen. Näheres siehe Grundrezept Backfermentteig (Seiten 45/48).
2. Stufe morgens: Das restliche Vollkornmehl, Salz, die weiche Butter, den Diätzucker und das Sahne-Wasser-Gemisch zum Vorteig geben und gut durchrühren. Nochmals abgedeckt bei 28°C 2–3 Stunden warm stellen.
Den Backofen auf 200°C vorheizen, eine Kastenform mit zerlassener Butter einfetten. Den Teig nochmals durchrühren, die

Hälfte davon in die Form geben. In die andere Hälfte den Kakao und den Diätzucker einrühren und den dunklen Teig zum hellen in die Kastenform geben.
Für die Marmorierung eine Gabel, beginnend an einem Kastenformende, tief eintauchen und mit spiralförmigen Bewegungen zum anderen Backformende durchziehen. Den Kuchen vor dem Backen noch etwas aufgehen lassen. Die Backzeit beträgt 60–70 Minuten bei 175–200°C. Nach dem Backen nehmen Sie den Kuchen zum Abkühlen aus der Form. Den erkalteten Marmorkuchen mit zerlassener Schokolade, der Sie ca. 10 g ungehärtetes Kokosfett beimengen können, einstreichen. Sie können aber auch eine andere Glasur wählen.

Tip: Dieser Kuchen schmeckt am besten am nächsten Tag. Er läßt sich im übrigen gut einfrieren.

Blätterteig-Apfelstrudel

300 g Blätterteig (siehe Seite 42)

FÜR DIE FÜLLE:

1 kg Äpfel · 100 g gemahlene Cashewkerne

100 g ungeschwefelte Rosinen · 1 EL Zimt

50 g geröstete Sonnenblumenkerne

Birnendicksaft oder Honig nach Geschmack

1/2 Becher Crème fraîche

ZUM BESTREICHEN UND BESTREUEN:

Sahne und Sesam

Blätterteig nach Grundrezept am Vortag herstellen oder bereits fertigen Blätterteig auftauen lassen.
Die Äpfel waschen, schälen, raspeln und mit den restlichen Zutaten – außer Crème fraîche – in einer Schüssel vermengen,

abschmecken und etwas durchziehen lassen. Den Backofen auf 225°C vorheizen, das Blech mit kaltem Wasser abspülen. Den Blätterteig auf Backblechgröße auswellen, auf ein bemehltes Tuch legen, den halben Becher Crème fraîche auf den Teig streichen, die Apfelfülle mit der Teigkarte gleichmäßig auftragen, die Seiten einschlagen und mit Hilfe des Tuches aufrollen. Den Strudel auf das mit kaltem Wasser abgespülte Backblech legen, mit Sahne bestreichen und mit Sesam bestreuen. Die Backzeit beträgt bei 225°C 45–60 Minuten. Dazu reichen Sie eine Vanillesauce (siehe Seite 61).

Tip: Sie können den Strudel auch mit Diätzucker bestäuben oder eine helle Glasur auftragen und als Gebäck verwenden.

Ⓖ *Linzer Torte*

150 g Sauerrahmbutter

150–200 g Birnendicksaft oder Honig

1 Msp Vanillepulver · 1 EL Zimt · 1 Prise Vollmeersalz

150 g gemahlene Mandeln oder Cashewkerne

300 g Dinkelvollkornmehl · 2 EL Arrowroot

1 gehäufter TL Weinstein-Backpulver

300 g Marmelade nach Wahl und Verträglichkeit

Die weiche oder zerlassene Butter mit dem Birnendicksaft schaumig rühren. Vanillepulver, Zimt, Salz und Mandeln unterrühren. Das Arrowroot mit 2 EL kaltem Wasser in einer Tasse verquirlen und in die Schaummasse rühren, zuletzt das Mehl unterkneten. Der Teig soll eine mürbteigähnliche Beschaffenheit haben. Den Teig nun für $^1/_2$ Stunde in den Kühlschrank stellen. Den Backofen auf 200°C vorheizen und eine Springform einfetten.

Bevor der Teig in die Form kommt, das Backpulver unterkneten.

$^2/_3$ des Teiges eben in die Springform drücken, die Marmelade gleichmäßig darauf streichen und aus dem restlichen Drittel Teig Gitterstreifen schneiden. Dazu noch etwas Mehl in den Teig kneten, mit dem Nudelholz dünn ausrollen und 2 cm breite Streifen schneiden, die Sie dann in Gitter- oder Rautenform auflegen. Den Kuchen bei 200°C ca. 45 Minuten backen und in der Form auskühlen lassen. Mürbteige brechen im warmen Zustand leicht durch.

Tip: Schmeckt herrlich frisch gebacken mit Sahne.

(G) *Zwetschgenkranz*

1 Grundrezept Hefeteig süß mit Sahne und Wasser (siehe Seite 36)

FÜR DIE FÜLLE:

500 g Zwetschgen, frisch oder aufgetaut

100 g gemahlene, geröstete Mandeln oder Cashewkerne

Birnendicksaft oder Honig nach Geschmack · 1 EL Zimt

2 EL Crème fraîche · 20 g Sauerrahmbutter

ZUM BESTREUEN:

Sesam und Sonnenblumenkerne

Einen Hefeteig nach Grundrezept herstellen und gehen lassen. Frische Zwetschgen waschen, halbieren und entkernen, aufgetaute gut abtropfen lassen, mit den gemahlenen, gerösteten Mandeln, Zimt, Birnendicksaft und Crème fraîche vermischen, gut abschmecken. Eine Guglhupfform einfetten und mit Sesam und Sonnenblumenkernen ausstreuen.

Den gut gegangenen Hefeteig auf leicht bemehlter Arbeitsfläche durchkneten und mit dem Nudelholz auf eine Größe von 40 x 45 cm auswellen. Mit der Zwetschgenfülle bis zum Rand bestreichen, aufwickeln und vorsichtig in die vorbereitete Guglhupfform legen, dabei darauf achten, daß die Enden gut zusammenstoßen. Die Rolle mit den Händen leicht flachdrücken, Sesam und Sonnenblumenkerne aufstreuen und zugedeckt 1/2 Stunde gehen lassen. Bei 200°C 45–60 Minuten backen, aus der Form nehmen und auf einem Kuchengitter oder der Tortenplatte abkühlen lassen.

Tip: Anstatt der Sonnenblumenkerne und des Sesams können Sie auch einen Schokoladenguß (Carobschokolade oder milchfreie Zartbitterschokolade) nach dem Backen und Auskühlen daraufgeben. Bei Kindern ist das vielleicht beliebter.

Kirschkuchen versenkt

150 g Sauerrahmbutter · 150 g Birnendicksaft oder Honig

1 EL Arrowroot oder 2 EL Sojamehl · etwas Wasser

je 1 Msp Vanillepulver und Zimt · evtl. etwas Zitronensaft

300 g Dinkelvollkornmehl

1/2 Päckchen Weinstein-Backpulver

500 g entsteinte Kirschen

FÜR DIE GLASUR:

Birnendicksaft und ungehärtetes Kokosfett (siehe Seite 162)

Die zerlassene Butter mit dem Birnendicksaft schaumig rühren, das in kaltem Wasser angerührte Arrowroot oder Sojamehl dazugeben, ebenso Vanille, Zimt und den Zitronensaft. Zuletzt das Vollkornmehl unterrühren und den Rührteig ca. 1/2 Stunde quellen lassen.

Den Backofen auf 200°C vorheizen und eine Springform fetten und bemehlen. Die Kirschen entkernen oder von den aufgetauten Kirschen ein Kompott zubereiten, die Kirschen in einem Sieb abtropfen lassen. Das Backpulver unter den Rührteig mischen, den Teig in die Springform streichen und mit den Kirschen belegen, dabei etwas in den Teig eindrücken. Bei 200°C ca. 45 Minuten backen, auskühlen lassen, aus der Form nehmen und mit einer hellen Glasur bestreichen.

Tip: Schmeckt frisch mit Sahne ganz lecker!

Ⓞ *Osterlamm – Rührteig*

Für 2 Stück:

130 g Sauerrahmbutter

150–170 g Birnendicksaft oder Honig

1 gehäufter EL Arrowroot · 4 EL kaltes Wasser

100 g Mandel- oder Cashewmus

100 g gemahlene Mandeln oder Cashewkerne

1 Msp Vanillepulver

etwas frischer Zitronensaft bei Verträglichkeit

300 g Dinkelvollkornmehl · 1/2 Tasse Mineralwasser

1/2 Päckchen Weinstein-Backpulver

Als Glasur:

Schokoladenglasur, helle Glasur oder Diätzucker *(siehe Seite 162)*

Die Sauerrahmbutter zerlassen und mit dem Birnendicksaft in einer Schüssel schaumig rühren. Das Arrowroot mit dem kalten Wasser anrühren und mit Mandelmus, den gemahlenen Mandeln, Vanillepulver und Zitronensaft zur Schaummasse geben, zuletzt das Mehl mit etwas Mineralwasser unterrühren.

Den Teig mindestens 1/2 Stunde quellen lassen. Inzwischen die 2 Backformen einfetten, den Backofen auf 200°C vorheizen. Unter den Rührteig erst jetzt das Backpulver mischen; der Teig soll eher fest sein. Die Formen mit dem Teig gut ausfüllen und die Lämmer auf der untersten Schiene ca. 45–50 Minuten backen.
Nach dem Backen die Formen vorsichtig öffnen und jeweils nur das obere Formenteil abnehmen, so daß die Lämmer im unteren Formenteil liegend auskühlen können. Nehmen Sie das Lamm zu früh heraus, kann es leicht brechen. Eine helle oder eine Schokoladenglasur herstellen oder – wenn es schnell gehen soll – eine Tafel Zartbitterschokolade milchfrei mit 20 g Kokosfett in einer Tasse im heißen Wasserbad schmelzen und diesen Guß auf die Lämmer auftragen. Oder die abgekühlten Lämmer einfach mit Diätzucker bestäuben.

Birnenkuchen – glutenfrei

150 g milchfreie Margarine · 150 g Birnendicksaft

1 Prise Vollmeersalz · etwas Zimt · 1 EL Arrowroot

1 Tasse kaltes Wasser

300 g Mehl-Mix glutenfrei (Reformhaus oder Naturkostladen)

1/2 Päckchen Weinstein-Backpulver

FÜR DEN BELAG:

2–4 reife Birnen · 2 EL Birnendicksaft

100 g gehackte Cashewkerne

Margarine und Birnendicksaft in einer Schüssel schaumig rühren, Salz, Zimt und das angerührte Arrowroot zugeben, zuletzt das Mehl mit dem Backpulver unterrühren. Den

Rührteig in eine gefettete Springform streichen. Den Backofen auf 200°C vorheizen. Die Birnen waschen, vierteln und von Schale und Kernhaus befreien, dicht auf den Rührteig auflegen, etwas in den Teig eindrücken. Die Birnen mit dem Birnendicksaft einpinseln, die gehackten Cashewkerne darüberstreuen und 45 Minuten backen.

Tip: Dieser Kuchen schmeckt frisch sehr saftig. Wenn Sie Sahne vertragen, paßt diese ausgezeichnet dazu.

Ⓞ *Osterzopf*

500 g Dinkelvollkornmehl · 1 Würfel Hefe

200 ml warmes Wasser · 250 g ungeschwefelte Rosinen

100 g weiche Sauerrahmbutter

100 g Birnendicksaft oder Honig · 100 g Crème fraîche

ZUM BESTREICHEN:

1 TL Sojamehl, mit 2 EL Sahne verrührt

ZUM BESTREUEN:

Mandelblättchen

Das Mehl in eine Schüssel geben, in die Mitte eine Mulde drücken, die im warmen Wasser gelöste Hefe hineingeben und mit etwas Mehl zu einem dicklichen Brei rühren. Bestäuben und zugedeckt 15 Minuten gehen lassen. Die Rosinen kurz überbrühen und abtropfen lassen, das Blech einfetten. Die übrigen Zutaten zum Vorteig geben, gut verkneten und nochmals zugedeckt 45 Minuten gehen lassen. Den Teig auf bemehlter Arbeitsfläche durchkneten, in drei Teile teilen und jeweils eine Rolle von ca. 50 cm Länge formen. Die Stränge nebeneinander auf das Backblech (quer) legen und einen Zopf flechten. Bestreichen, mit Mandelblättchen bestreuen, nochmals 15 Minuten gehen lassen. Den Backofen auf 200°C vorheizen. Die Backdauer beträgt ca. 45 Minuten. Den ausgekühlten Osterzopf nach Belieben mit einer hellen Glasur bestreichen.

(O) *Osterkranz*

1 Grundrezept Soja-Quarkölteig (siehe Seite 39)
mit zusätzlich 200 g gehackten Trockenfrüchten
(Birnen, Pflaumen, Rosinen, Äpfel)

evtl. etwas frisch gepreßter Zitronensaft

ZUM BESTREICHEN:

1 TL Sojamehl · 2 EL Wasser · 1 EL Birnendicksaft

ZUM BESTREUEN:

Sesam

Einen Soja-Quarkölteig mit den zusätzlichen Zutaten nach Grundrezept herstellen. Den Backofen auf 200°C vorheizen. Den Teig zu einer 60 cm langen Rolle formen, auf ein gefettetes Backblech legen und mit dem Messer der Länge nach halbieren, am oberen Ende bleibt der Teig zusammen. Mit diesen zwei Strängen einen falschen Zopf flechten, indem man die zwei Stränge wie zu einer Kordel dreht. Achtung – dieser Teig reißt leichter als Hefeteig! Er läßt sich aber ebenso leicht wieder zusammendrücken. Während des Flechtens den Teig gleich zu einem Kreis legen und darauf achten, daß der innere Kreis des Kranzes so groß ist, daß Sie später auch ein paar Ostereier reinlegen können. Die Teigenden miteinander verbinden, den Osterkranz mit der Sojamehl-Mischung gut einstreichen und mit Sesam bestreuen. Die Backzeit beträgt ca. 45 Minuten. Sie können den Osterkranz nach dem Abkühlen noch mit einer hellen Glasur bestreichen, das muß aber nicht sein.

Kuchen und Torten pikant

Bunte Gemüse-Quiche

1 Grundrezept Mürbteig pikant, wahlweise glutenfrei (siehe Seiten 37/38)

FÜR DEN BELAG:

500–750 g gemischtes Gemüse (Zucchini, Auberginen, Möhren, roter Paprika, Zwiebeln, Knoblauch, Kohlrabi, Kartoffeln)

FÜR DIE BÉCHAMELSAUCE:

50 g Sauerrahmbutter · 80 g Vollkornmehl

1/2 l Gemüsebrühe · 100 g Sahne · 1 TL Vollmeersalz

1 Msp Muskat · 4 EL Schnittlauch, feingeschnitten

ALS GARNITUR:

2 Tomaten · 2–3 EL Sonnenblumenkerne

Einen Mürbteig nach Wahl wie im Grundrezept herstellen, zwischen zwei Folien auswellen und die gefettete, bemehlte Quicheform damit auslegen.
Die Sauerrahmbutter im Topf erhitzen, das Mehl zugeben, leicht anbräunen lassen, mit der Gemüsebrühe und der Sahne ablöschen, mit dem Schneebesen gut verschlagen, einmal aufkochen und auf ausgeschalteter Herdplatte 5 Minuten köcheln lassen. Die Béchamelsauce abschmecken, den Schnittlauch unterheben.

Das Gemüse waschen, schälen und in der Küchenmaschine grob raspeln. Auf dem Mürbteigboden verteilen, die Béchamelsauce darübergießen, mit Tomatenscheiben und Sonnenblumenkernen garnieren und im vorgeheizten Backofen bei 225°C 45 Minuten backen.

Tip: Dazu paßt ein buntgemischter Sommersalat mit frischen Kräutern.

Lauchtorte

1 Grundrezept Mürbteig pikant, wahlweise glutenfrei (siehe Seiten 37/38)

FÜR DEN BELAG:

1 Stange Lauch · 2 Zwiebeln · 2 Knoblauchzehen

2 EL kaltgepreßtes Olivenöl · 250 g Sauerkraut, frisch

$^1/_8$ l Gemüsebrühe · 2 Äpfel · Vollmeersalz · $^1/_8$ l Sahne

Kümmel · Muskat

Pfeffer nach Geschmack und Verträglichkeit

Einen Mürbteig nach Wahl herstellen, $^1/_2$ Stunde kühlen, zwischen zwei Folien auswellen und eine gefettete Quicheform damit auslegen. Den Teigbogen mit der Gabel ein paar Mal einstechen, damit sich keine Blasen bilden. Auf einen gleichmäßigen Rand achten.
Den Lauch in feine Streifen schneiden, die Zwiebeln und den Knoblauch fein würfeln und alles im Olivenöl goldgelb andünsten. Das Sauerkraut zugeben, anschmoren, mit der Gemüsebrühe aufgießen und zugedeckt bei mittlerer Stufe 5–10 Minuten dünsten. Die Äpfel schälen, würfeln und mit den Geschmackszutaten und der Sahne unters Gemüse

rühren. Gut abschmecken und auf den Mürbteig streichen. Bei 200°C ca. 40 Minuten backen.
Tip: Sie können natürlich auch geriebenen Pecorino (Schafkäse) auf die Torte streuen, wenn Sie den Käsegeschmack gerne mögen. Diese Torte schmeckt warm und kalt ausgezeichnet.

Sauerkrauttorte

1 Grundrezept Mürbteig pikant, wahlweise glutenfrei (siehe Seiten 37/38)

FÜR DIE FÜLLE:

4 gekochte Kartoffeln · 1 Zwiebel

2 EL Birnendicksaft oder Honig · 30 g Sauerrahmbutter

250 g frisches Sauerkraut · 2 EL Vollkornmehl

$^1/_8$ l Wasser · $^1/_2$ Brühwürfel · Salz · evtl. 1 TL Kümmel

evtl. Muskat · 250 g Kräutertofu (Naturkostladen)

1 EL Sahne · 3 EL Wasser · 1 EL Sojamehl

2 EL Crème fraîche

ZUM BESTREUEN:

geriebener Schafkäse (Pecorino)

Einen Mürbteig nach Wahl herstellen und $^1/_2$ Stunde kühlen. Kartoffeln mit der Schale kochen, schälen und etwas mit der Gabel zerdrücken. Die Zwiebel mit dem Birnendicksaft in der Butter leicht anbräunen, Sauerkraut zugeben und kurz anschmoren. Mit dem Mehl bestäuben und dem Wasser aufgießen. Brühwürfel und Geschmackszutaten zugeben und bei mittlerer Hitze 10 Minuten dünsten, dann abkühlen lassen.
Den Kräutertofu mit der Sahne und dem Wasser pürieren und unter das Sauerkraut heben. Sojamehl und Crème fraîche un-

terrühren, ebenso die Kartoffeln und den Muskat. Gut abschmecken! Die Fülle in die mit dem Mürbteig ausgelegte Spring- oder Quicheform geben, Teigstreifen als Gitter auflegen, mit Käse bestreuen und 40–50 Minuten bei 175°C backen.

Lauchstrudel

1 Grundrezept Strudelteig (siehe Seite 41)

FÜR DIE FÜLLE:

2 Stangen Lauch · 2 große Möhren · 1 kleiner Kohlrabi

2 Knoblauchzehen · 2 EL kaltgepreßtes Olivenöl

150 g Crème fraîche · 1 TL Vollmeersalz

1 Msp Muskat

verschiedene Kräuter nach Wahl und Verträglichkeit

Den Lauch der Länge nach halbieren, waschen und in feine Streifen schneiden. Kohlrabi und Möhren waschen, schälen und raspeln. Die Knoblauchzehen klein würfeln.
Den Lauch mit dem Knoblauch in etwas Olivenöl andünsten, vom Herd nehmen und das restliche Gemüse mit den Geschmackszutaten daruntermischen. Crème fraîche sowie die Kräuter unterheben und gut abschmecken.
Den Teig auf einem bemehlten Tuch ausrollen und die Fülle gleichmäßig darauf verteilen. Die Teigseiten einschlagen und mit Hilfe des Tuches den Teig aufrollen. Auf ein gefettetes Backblech legen, mit zerlassener Butter bestreichen und bei 200°C (vorgeheizt) ca. 45 Minuten backen.

Dazu paßt eine

Tomatensauce

5–6 Tomaten kleinschneiden, in 2 EL Butter andünsten, mit 1 EL Mehl bestäuben, 1 zerdrückte Knoblauchzehe zugeben, mit $^{1}/_{4}$ l Gemüsebrühe aufgießen und 5–10 Minuten kochen. Pürieren und mit Kräutersalz und Sahne gut abschmecken.

Je nach Verträglichkeit können auch noch Kräuter wie Oregano oder Thymian, Basilikum, Petersilie und 1 Lorbeerblatt zugefügt werden.

Falls keine frischen Tomaten zur Hand sind, läßt sich auch mit Tomatenmark eine leckere Tomatensauce herstellen:

Aus 2 EL Butter und 2 EL Vollkornmehl eine helle Einbrenne rühren, 2 EL Tomatenmark, Kräutersalz, $^{1}/_{2}$ l Gemüsebrühe, ein wenig Honig oder Birnendicksaft zufügen, eine Weile durchkochen und mit Crème fraîche abschmecken.

Broccolitorte

1 Grundrezept Mürbteig pikant, wahlweise glutenfrei (siehe Seiten 37/38)

FÜR DIE FÜLLE:

2 mittelgroße Möhren · 4 mittelgroße Kartoffeln

100 g frische Broccoliröschen

3 EL geröstete Sonnenblumenkerne

FÜR DIE BÉCHAMELSAUCE:

50 g Sauerrahmbutter · 80 g Vollkornmehl

$^{1}/_{2}$ l Gemüsebrühe · 1 TL Vollmeersalz · 100 g Sahne

1 Msp Muskat · 1 Zwiebel · 1 Knoblauchzehe

3 EL geriebener Pecorino (Schafkäse) oder 3 EL geröstete Sonnenblumenkerne

Einen Mürbteig nach Wahl herstellen und $^{1}/_{2}$ Stunde kühlen. Zwischen zwei Folien den Teig auswellen und eine gefettete

Quiche- oder Springform damit auslegen. Die Butter in einem Topf erhitzen und das Mehl darin anbräunen. Mit der Gemüsebrühe aufgießen, die Sahne unterrühren, würzen und die gewürfelte Zwiebel und Knoblauchzehe zugeben. Bei geschlossenem Topf und ausgeschalteter Herdplatte 5 Minuten köcheln lassen. Möhren und Kartoffeln schälen, raspeln, mit den Broccoliröschen und den Sonnenblumenkernen vermischen, auf den Mürbteig geben. Die Béchamelsauce darübergießen, mit geriebenem Käse oder den Sonnenblumenkernen bestreuen und bei 200°C 45 Minuten backen.

Tip: Diese Torte schmeckt auch sehr gut mit Rosenkohlröschen.

Quiche Lorraine

FÜR DEN MÜRBTEIG
(wahlweise glutenfrei, siehe Seiten 37/38):

125 g Dinkelvollkornmehl · 75 g Grünkernmehl

2 EL Sojamehl · 1 TL Vollmeersalz

100 g Sauerrahmbutter · 1/8 l Wasser

FÜR DIE FÜLLE:

2 EL kaltgepreßtes Olivenöl oder ungehärtetes Kokosfett

2 Stangen Lauch · 1 Zwiebel · 1 Knoblauchzehe

2 EL Dinkelmehl · 1/4 l Gemüsebrühe · Vollmeersalz

Kümmel · Muskat und Pfeffer nach Verträglichkeit

1/4 l Sojamilch oder Sahne-Wasser-Gemisch

100 g geriebener Pecorino (Schafkäse)

NACH BELIEBEN:

100 g Sojawurst

Einen Mürbteig nach Wahl herstellen und 1/2 Stunde kühlen. Den Teig zwischen zwei Folien auswellen und eine gefettete

Quicheform damit auslegen, dabei auf einen gleichmäßigen Rand (3 cm hoch) achten. Das Öl erhitzen und den in Streifen geschnittenen Lauch mit der gewürfelten Zwiebel und der zerquetschten Knoblauchzehe andünsten, mit dem Mehl bestäuben und mit der Gemüsebrühe aufgießen. Salz und Gewürze zugeben und bei geschlossenem Topf oder Pfanne bei mittlerer Hitze 5 Minuten dünsten. Mit der Sojamilch aufgießen und eventuell die gewürfelte Sojawurst dazugeben. Gut abschmecken und auf dem Mürbteig verteilen. Den geriebenen Käse aufstreuen und bei 200°C 45–60 Minuten backen.

Käsetorte – sehr pikant

1 Grundrezept Backfermentteig für Torten (siehe Seite 48), aber ohne Süßungsmittel, dafür 150 ml mehr Wasser und 1 TL Vollmeersalz zufügen

FÜR DIE KÄSEFÜLLE:

$^1/_2$ l Sahne-Wasser-Gemisch oder Sojamilch

125 g Dinkelvollkornmehl · 1 TL Vollmeersalz

2 TL Agar-Agar · 1–2 Knoblauchzehen

frische Kräuter nach Belieben und Verträglichkeit, z. B. Thymian, Majoran, Bohnenkraut, Basilikum

200 g Sauerrahmbutter · 200 g Schafkäse aus der Lake

ZUM GARNIEREN:

Sesambrezeln oder Salzstangen · gerösteter Sesam · Oliven

Einen Tortenboden nach Grundrezept herstellen, gut abkühlen lassen und zwei- bis dreimal quer durchschneiden. Den obersten Teil können Sie in Würfel geschnitten und geröstet als Suppeneinlage verwenden.

Das Sahne-Wasser-Gemisch mit Mehl, Salz, Agar-Agar in einem Topf verrühren und unter ständigem Rühren einmal aufkochen. Die Knoblauchzehen durchgepreßt zugeben, ebenso die gewaschenen und geschnittenen Kräuter und im kalten Wasserbad abkühlen lassen. Die Sauerrahmbutter leicht erwärmen und mit dem Rührgerät schaumig schlagen. Sobald die Puddingmasse abgekühlt ist, können Sie den Schafkäse gewürfelt zugeben und mit dem Pürierstab zerkleinern. Die Puddingmasse wird nun zur Butter gerührt und abgeschmeckt.
Einen Tortenboden auf die Tortenplatte legen, mit einem Springformrand umlegen und die Hälfte der Fülle aufstreichen. Den zweiten Tortenboden darauflegen, leicht andrükken, den Rest der Fülle gleichmäßig auftragen und glattstreichen. Mit Brezeln oder Salzstangen und Oliven garnieren, zuletzt den gerösteten Sesam aufstreuen. Stellen Sie die Torte für eine Stunde in das Gefrierfach, wodurch sie schneller schnittfest wird.

Tip: Diese Torte wird mit verschiedenen Rohkostsalaten gereicht. Wenn Sie für Kinder gebacken wird, empfiehlt es sich, nicht soviel Knoblauch reinzugeben. Als Farbklecks bietet sich etwas Tomatenmark an, das man in die Fülle gibt. Zum Garnieren eignen sich auch Cocktailtomaten oder Weintrauben.

Kartoffelkuchen

1 Grundrezept Mürbteig pikant (siehe Seite 37)
750 g Kartoffeln · 2 EL Sojamehl · 1 TL Vollmeersalz
Muskat nach Verträglichkeit und Belieben
100 g Vollkornmehl (Hartweizen, Weizen, Dinkel oder Roggen)
$^1/_4$ l Sojamilch oder Sahne-Wasser-Gemisch
ca. 100 g geriebener Pecorino (Schafkäse)

Einen pikanten Mürbteig herstellen und $^1/_2$ Stunde kühlen. Kartoffeln waschen, schälen, kochen und noch heiß durch die Kartoffelpresse drücken, abkühlen lassen. Die restlichen Zutaten in die Kartoffelmasse rühren und gut abschmecken. Den Mürbteig zwischen zwei Folien auswellen und in eine gefettete Spring- oder Quicheform legen, auf einen gleichmäßigen Rand achten und die Kartoffelfülle auftragen, glattstreichen. Mit geriebenem Käse bestreuen und im vorgeheizten Backofen bei 200–225°C 40–45 Minuten backen.

Tip: Je nach Kartoffelart benötigen Sie mehr oder weniger Flüssigkeit für die Fülle. Sie sollte auf keinen Fall zu fest beschaffen sein, da der Kuchen sonst zu trocken wird.

Mangoldtorte

Für den Hirsemürbteig:

200 g Hirsemehl · 50 g Reismehl · 2 EL Sojamehl

100 g Sauerrahmbutter oder Pflanzenmargarine

1 gestrichener TL Vollmeersalz

ca. 50 ml Wasser

Für die Fülle:

500 g Mangold · 1 TL Vollmeersalz · 250 g Kräutertofu

200 ml Sojamilch oder Sahne-Wasser-Gemisch

1 Knoblauchzehe · 1 Zwiebel

evtl. Muskat und Kümmel nach Geschmack und Verträglichkeit

2 Meßlöffel Biobin · Fett für die Form

Zum Bestreuen:

Sesam oder Sonnenblumenkerne

Einen Hirsemürbteig herstellen und $^1/_2$ Stunde kühlen. Inzwischen Salzwasser zum Kochen bringen und den gewaschenen Mangold darin 2–3 Minuten blanchieren. Mit dem Schaumlöffel aus dem Wasser nehmen, abtropfen lassen und kleinschneiden. Den Kräutertofu mit Sojamilch, Knoblauchzehe und Zwiebel pürieren, mit Salz, Muskat und Kümmel gut würzen, Biobin unterrühren und zuletzt den geschnittenen Mangold unterheben.

$^2/_3$ des Mürbteiges zwischen zwei Folien auswellen und eine gefettete Spring- oder Quicheform damit auslegen, der Rand in der Springform soll höchstens 1 cm hochgedrückt werden. Die Mangoldfülle daraufgeben, mit Sesam oder Sonnenblumenkernen bestreuen, Butterflöckchen aufsetzen und bei 226°C 45–60 Minuten backen.

Tip: Sie können anstatt des Hirsemürbteiges jeden anderen pikanten Mürbteig zubereiten. Vom Geschmack her würde sich auch sehr gut ein Grünkernmürbteig eignen, allerdings sollte die Mehlmenge dann mindestens zu $^1/_3$ aus Weizen, Dinkel oder Hartweizen bestehen.

Kleingebäck süß

(F) *Faschingskrapfen*

Für ca. 25 Stück:
500 g Vollkornmehl · 40 g Hefe · 1 Prise Vollmeersalz
$^{1}/_{4}$ l warmes Wasser · 40 g geschmolzene Sauerrahmbutter
100 g Birnendicksaft · Öl zum Auswellen
ZUM AUSBACKEN:
500–750 g ungehärtetes Pflanzenmargarine
ZUM FÜLLEN:
selbstgemachte Hagebuttenmarmelade oder Pflaumenmus

Frischgemahlenes Vollkornmehl in eine Schüssel geben und in die Mitte eine Vertiefung drücken. Hefe in dem warmen Wasser auflösen und in der Mehlgrube zu einem dicklichen Brei rühren, mit Mehl bestäuben und zugedeckt 15 Minuten gehen lassen. Die restlichen Zutaten gut einkneten und zugedeckt nochmals $2^{1}/_{2}$ Stunden gehen lassen. Je wärmer der Teig steht, um so kürzer ist die Gehzeit. Ich finde, der Teig »hefelt« nicht so stark, wenn man ihn kalt gehen läßt. Je länger ein Hefeteig kalt gehen kann, desto weniger Hefe benötigen Sie. Das ist wichtig für Personen, die Hefe in größeren Mengen nicht so gut vertragen.

Den Hefeteig nochmals kräftig durchkneten und auf leicht geölter Arbeitsfläche 1 cm dick auswellen. Krapfen mit einem Glas ausstechen und auf geölter Fläche zugedeckt 5–10 Minuten gehen lassen. Das Fett in einer Pfanne erhitzen; es darf nicht zu heiß sein, da die Krapfen sonst zu schnell braun werden und nicht gut aufgehen können. Legen Sie einen Probekrapfen ein; wenn er nach einer Backzeit von 5 Minuten beidseitig goldgelb und gut aufgegangen ist, so hat das Fett die richtige Temperatur. Nun einige Krapfen in das Fett einlegen und sofort den Topf oder die Pfanne schließen. Öffnen Sie erst nach 2–3 Minuten, wenden Sie die Krapfen und backen Sie sie auf der Rückseite ebenfalls bei geschlossenem Topf, auch 2–3 Minuten. Mit einem Schaumlöffel herausnehmen und auf einem Gitter abtropfen lassen. Mit einer Garnierspritze die noch warmen Krapfen mit der Marmelade Ihrer Wahl füllen. Sie können die Krapfen mit einer hellen Glasur (siehe Seite 162) versehen und sie eventuell noch in gemahlene Mandeln tauchen.

(F) *Müsli-Brötchen*

schmecken frisch am besten!

50 g Rosinen · 4 saftige Äpfel · 250 g Vollkornmehl

50 g Vollkornschrot (Hafer/Weizen)

150 g gemahlene Mandeln · 2 EL Sonnenblumenkerne

150 g Crème fraîche · 1 TL Zimt

40 g oder mehr Birnendicksaft · 1–2 EL Sojamilch

Rosinen heiß überbrühen, Ofen auf 175°C vorheizen. Äpfel waschen, schälen, Kernhaus herausschneiden und Früchte raspeln.

Alle Zutaten gut miteinander verkneten, zu kleinen Brötchen formen und auf ein gefettetes Backblech legen. Bei 180°C ca. 30 Minuten backen. Man kann die Brötchen noch warm mit einer hellen Glasur (siehe Seite 162) bestreichen.

Kokosmakronen

I. Art

150 g Kokosflocken · 30–50 g Dinkelvollkornmehl

$^1/_2$ Tasse Apfelsaft naturtrüb oder Saft von $^1/_2$ Zitrone (bei Verträglichkeit)

Birnendicksaft nach Geschmack · Vollkornoblaten

Alle Zutaten in einer Schüssel verrühren und ca. $^1/_2$ Stunde quellen lassen. Mit Teelöffeln kleine Häufchen auf die Oblaten setzen und bei 160°C ca. 20 Minuten backen. Die Makronen sollen zwar mehr trocknen als backen, aber damit sie eine schöne Farbe bekommen, können Sie die letzten 5 Minuten der Backzeit auf 200-220°C schalten.

Kokosmakronen

II. Art

40 g Butter · 100 g Birnendicksaft · 250 g Kokosflocken

$^1/_8$ l Apfelsaft naturtrüb · evtl. etwas Zitronensaft

2 Meßlöffel Biobin (Reformhaus) · 4 EL Sahne

Butter schaumig rühren und nach und nach den Birnendicksaft einrühren. Die Kokosflocken zugeben und die restlichen Zutaten unterrühren. Mit zwei Teelöffeln kleine Häufchen auf ein gefettetes Backblech setzen und bei 150–175°C ca. 20 Minuten backen. Auch hier können Sie die letzten Minuten durch Höherschalten eine goldgelbe Farbe auf die Makronen bringen.

Vanillekipferl

Für ein gut belegtes Blech:

260 g Dinkelvollkornmehl · 200 g Sauerrahmbutter

100 g Birnendicksaft

100 g gemahlene Mandeln oder Cashewkerne

1 Msp Vanillepulver

ZUM BESTÄUBEN:

Diätzucker mit Vanillepulver vermischt

Alle Zutaten zu einem mürben Teig verkneten, für $^1/_2$ Stunde in den Kühlschrank stellen. Mit den Händen gleichmäßig große Kipferl formen, auf ein gefettetes Backblech legen und im vorgeheizten Backofen bei 180°C ca. 10–15 Minuten hell backen. Noch heiß mit dem Vanille-Diätzucker bestäuben.

Spritzgebäck

Für 2 Bleche:

180 g Sauerrahmbutter · 50 g Birnendicksaft

100 g Apfel-Birnen-Kraut

1 EL Sojamehl oder $^1/_2$ EL Arrowroot, in wenig kaltem Wasser angerührt

250 g Vollkornmehl

Sojamehl oder Mineralwasser nach Bedarf

ZUM BESTREUEN:

50 g gehackte Pinienkerne oder Pistazien

Die weiche Butter schaumig rühren, den Birnendicksaft langsam dazurühren, ebenso das Apfel-Birnen-Kraut. Die restlichen Zutaten zugeben, so daß ein mittelfester Rührteig entsteht. Den Teig $^1/_2$ Stunde ruhen lassen, den Backofen auf 175°C vorheizen und das Backblech fetten oder mit Backpapier auslegen. Den Rührteig in einen Spritzbeutel mit Sterntülle füllen und verschiedene Formen auf das Backblech spritzen, z. B. S-Form, Kringel oder Streifen. Mit gehackten Pinien oder Pistazien bestreuen und ca. 15 Minuten backen.

Tip: Sie können einen Guß aus milchfreier Schokolade, Kakao oder Carob herstellen (siehe Seite 162) und die abgekühlten Plätzchen halb, zu einem Drittel, an beiden Enden oder ganz darin eintauchen.

Ⓦ *Zimtsterne*

250 g Vollkornmehl

100 g gemahlene Mandeln oder Cashewkerne

150 g Birnendicksaft · 125 g Sauerrahmbutter

2 EL Zimt

2 EL naturtrüber Apfelsaft oder etwas frischer Zitronensaft

1 Rezept Helle Glasur (siehe Seite 162)

Einen Mürbteig herstellen und in Folie gehüllt 4 Stunden ruhen lassen. Den Teig zwischen zwei Folien auswellen und Sterne ausstechen, auf ein gefettetes Backblech legen und im vorgeheizten Backofen bei 175°C ca. 10 Minuten backen. Die erkalteten Sterne mit einer hellen Glasur bestreichen.

Ⓦ *Sesamhäufchen*

125 g Sauerrahmbutter · 100 g Apfel-Birnen-Kraut

1 Msp Vanillepulver

1 EL Sojamehl oder $^1/_2$ EL Arrowroot, in etwas kaltem Wasser angerührt

1 EL naturtrüber Apfelsaft oder etwas Zitronensaft

200 g Dinkelvollkornmehl

100 g gemahlene Cashewkerne · 100 g Sesam

100 g ganze Cashewkerne

Alle Zutaten zu einem mürben Teig verkneten und in Folie gewickelt für $^1/_2$ Stunde in den Kühlschrank stellen. Kugeln von 2 cm Durchmesser formen, im Sesam wälzen, jeweils einen ganzen Cashewkern obenauf setzen, auf ein gefettetes Backblech legen und im vorgeheizten Backofen bei 175°C ca. 15–20 Minuten backen.

Ⓦ *Mandelherzen*

150 g Dinkelvollkornmehl · 150 g Hartweizenvollkornmehl

50 g Mandelmus · 1 Msp Vanillepulver · 1 EL Sojamehl

6 EL Birnendicksaft · 4 EL Sahne

ZUM BESTREICHEN:

1 EL Mandelmus · 2 EL Birnendicksaft

ZUM BESTREUEN:

Mandelblätter

Aus den Zutaten einen Mürbteig herstellen und $^1/_2$ Stunde kalt stellen. Den Backofen auf 200°C vorheizen, das Backblech fetten. Den Teig auf bemehlter Arbeitsfläche oder zwischen zwei Folien dünn ausrollen, Herzen ausstechen und auf das gefettete Backblech legen. Das Mandelmus mit dem Birnendicksaft cremig rühren und die Herzen damit einstreichen, mit Mandelblättern bestreuen. Die Backzeit beträgt 15–20 Minuten. Auf einem Kuchengitter abkühlen lassen.

Tip: Sie können anstatt der Mandeln ebenso Cashewkerne und Cashewmus verwenden.

Ⓦ *Cashewtaler*

Für 2 Backbleche:

500 g Hartweizenvollkornmehl

1/2 Päckchen Weinstein-Backpulver

250 g Sauerrahmbutter · 250 g Birnendicksaft

1 Msp Vanillepulver · 250 g gehackte Cashewkerne

Das Mehl mit dem Backpulver in einer Schüssel mischen, die in Scheiben geschnittene Butter, den Birnendicksaft und die restlichen Zutaten zugeben und alles rasch zu einem Teig kneten, 3–4 Rollen formen (Durchmesser 4–5 cm) und für 1/2 Stunde in den Kühlschrank legen. Den Backofen auf 200°C vorheizen, das Blech fetten. Von den Rollen ca. 1 cm dicke Scheiben abschneiden, auf das Backblech legen und ca. 15 Minuten backen.

Ⓦ *Haferschnitten*

250 g grobe Haferflocken · 200 g Birnendicksaft

60 g Sauerrahmbutter · 1/2 Päckchen Weinstein-Backpulver

100 g gehackte Cashewkerne

50 g geröstete Sonnenblumenkerne · 50 g gerösteter Sesam

etwas Apfelsaft naturtrüb oder Zitronensaft

Die Haferflocken mit dem Birnendicksaft vermischen und 1 Stunde quellen lassen. Dann die restlichen Zutaten einrühren- oder kneten und 30 Minuten quellen lassen. Den Backofen auf 200°C vorheizen, das Backblech einfetten. Den Teig auf das Backblech streichen und ca. 15 Minuten goldgelb backen. Nach dem Erkalten in Rechtecke oder Rauten schneiden und eventuell mit einer Schokoglasur (siehe Seite 162) bestreichen.

Ⓦ *Mürbteigplätzchen*

375 g Vollkornmehl

1 EL Sojamehl oder 1/2 EL Arrowroot, in etwas kaltem Wasser angerührt

6 EL Birnendicksaft oder Honig · 125 g Sauerrahmbutter

1 Msp Vanillepulver · 2 TL Weinstein-Backpulver

ZUM BESTREUEN:

wahlweise gehackte Pinien- oder Pistazienkerne, Kokosflocken, Sesam oder Sonnenblumenkerne oder eine helle Schoko- oder Carobglasur (siehe Seite 162)

Aus den Zutaten einen Mürbteig herstellen und für 1/2 Stunde kalt stellen. Den Teig zwischen zwei Folien auswellen, beliebige Formen ausstechen, auf ein gefettetes Backblech legen, mit den oben angegebenen Zutaten bestreuen und im vorgeheizten Backofen bei 175°C ca. 10–15 Minuten backen. Auf einem Kuchengitter abkühlen lassen. Die nicht bestreuten Plätzchen mit einer Glasur Ihrer Wahl bestreichen.

(W) *Elisenplätzchen*

200 g Birnendicksaft

3 EL Sojamehl oder 2 EL Arrowroot, in etwas kaltem Wasser angerührt

1 Msp Vanillepulver · 3 EL Apfelsaft naturtrüb

250 g gemahlene Mandeln

150 g gewürfelte Trockenfrüchte, z. B. Apfelringe oder Birnenschnitze

50 g Vollkornmehl · Oblaten von 3–4 cm Durchmesser

1 Rezept Schokoglasur (siehe Seite 162)

Aus allen Zutaten einen festen Teig herstellen und 1/2 Stunde ruhen lassen. Häufchen auf die Oblaten setzen und mit einem in Wasser getauchten Messer rundherum zu einem Kegel streichen. Auf ein Backblech legen und bei 150°C ca. 20–25 Minuten backen. Die erkalteten Plätzchen mit einer Schokoladen- oder Carobglasur bestreichen, mit geschälten, gemahlenen Mandeln bestreuen.

(W) *Spitzbuben*

150 g Apfel-Birnen-Kraut · 225 g Sauerrahmbutter
1 EL Sojamehl oder 1 TL Arrowroot, mit etwas kaltem Wasser angerührt
1 Msp Vanillepulver · 100 g gemahlene Mandeln
300 g Vollkornmehl
Flüssigkeit nach Bedarf, z. B. Apfelsaft naturtrüb
Sojamilch · Mineralwasser
ZUM FÜLLEN:
Johannisbeer- oder Himbeermarmelade
ZUM BESTÄUBEN:
Diätzucker

Apfel-Birnen-Kraut mit Butter und Sojamehl schaumig rühren, die Mandeln zugeben. Das Mehl und die Flüssigkeit unterrühren bzw. unterkneten und den fertigen Mürbteig für $^1/_2$ Stunde kalt stellen. Den Teig zwischen zwei Folien nicht zu dick auswellen. Kreise und Ringe ausstechen oder Rechtecke ausradeln und auf ein gefettetes Backblech legen. Im vorgeheizten Backofen bei 200°C ca. 10–15 Minuten backen. Die Ringe bzw. die Rechtecke (Deckel) noch heiß in Diätzucker eintauchen oder bestäuben. Die abgekühlten Unterteile mit verrührter Marmelade bestreichen, Ringe oder Rechtecke aufsetzen und gut trocknen lassen, bevor sie in die Dose zur Aufbewahrung gegeben werden.

Ⓕ *Bienenstich*

Für 15 Stück:

500 g Dinkelvollkornmehl · 20 g Hefe

$^1/_4$ l Sojamilch oder Sahne-Wasser-Gemisch

50 g Sauerrahmbutter · 1 Prise Salz

50 g Birnendicksaft oder Honig

FÜR DEN MANDELBELAG:

100 g Sauerrahmbutter · 6 EL Birnendicksaft

200 g Mandelstifte oder gehackte Cashewkerne · $^1/_8$ l Sahne

FÜR DIE FÜLLE:

Vanillepudding mit $^1/_2$ l Sojamilch oder Sahne-Wasser-Gemisch

1 TL Agar-Agar · Birnendicksaft nach Geschmack

$^1/_8$ l steifgeschlagene Sahne

Aus allen Teigzutaten einen Hefeteig herstellen und 1–2 Stunden gehen lassen. Ein Backblech einfetten und den gegangenen, noch einmal durchgekneteten Hefeteig darauf auswellen. Für den Belag die Butter in einem Topf erhitzen, Birnendicksaft und Mandeln zugeben und so lange erhitzen (immer gut umrühren), bis die Masse bräunlich wird. Mit der flüssigen Sahne ablöschen und abkühlen lassen, gleichmäßig auf den Hefeteig streichen.

Zugedeckt gehen lassen, bis er die doppelte Höhe erreicht hat. Im vorgeheizten Backrohr bei 200°C 25–30 Minuten backen. Noch warm in Rechtecke schneiden und auf einem Gitter gut auskühlen lassen.

Für die Fülle einen Vanillepudding nach Anleitung kochen und im kalten Wasserbad abkühlen lassen, dabei immer wieder umrühren, damit sich keine Haut bildet. Unter den Pudding die steifgeschlagene Sahne heben.

Die abgekühlten Rechtecke einmal quer durchschneiden, mit der Fülle bestreichen, den Deckel aufsetzen und im Kühlschrank erkalten lassen.

Tip: Wenn es schneller gehen soll, können Sie den Hefeteig in einer Springform backen und haben somit eine Bienenstichtorte, die Sie ebenfalls nach dem Abkühlen quer durchschneiden, füllen, den Deckel wieder auflegen und kalt stellen.

Himbeerschnitten

300 g Hartweizenvollkornmehl · 100 g Birnendicksaft

1 Prise Vollmeersalz

2 EL Sojamehl oder 1 EL Arrowroot, in etwas kaltem Wasser angerührt

250 g Sauerrahmbutter · 100 g gemahlene Mandeln

250 g Himbeermarmelade · 50 g gerösteter Sesam

Aus den Zutaten einen Mürbteig kneten und $^{1}/_{2}$ Stunde kalt stellen. Den Backofen auf 200°C vorheizen, ein Backblech fetten, die Marmelade mit etwas Apfelsaft naturtrüb oder Wasser verrühren. $^{3}/_{4}$ des Teiges zwischen zwei Folien ausrollen, auf das Backblech legen, mit der Marmelade bestreichen und aus dem Mürbteigrest schmale Streifen ausrädeln. Diese als Gitter auf die Marmelade legen. Mit Sesam bestreuen und ca. 20 Minuten backen. Noch warm in Rechtecke schneiden, auf einem Kuchengitter abkühlen lassen.

Ⓕ *Vollkornamerikaner*

Für 12 Stück:

1 EL Sojamehl + 2 EL Wasser

40 g Sauerrahmbutter oder Pflanzenmargarine

150 g Birnendicksaft · 1 Prise Salz

150 g Dinkelvollkornmehl · 50 g Hirse- oder Maismehl

bis 50 ml Flüssigkeit (Sojamilch, Sahne-Wasser-Gemisch)

1 TL Weinstein-Backpulver

ZUM BESTREICHEN:

1 EL Sojamehl, mit 1 EL Wasser verrührt

FÜR DIE GLASUR:

ca. 1/2 Tafel Carobschokolade,
milchfreie Zartbitterschokolade oder
eine helle Glasur (siehe Seite 162)

Sojamehl und Wasser verrühren, weiche Sauerrahmbutter zugeben und nach und nach den Birnendicksaft unterrühren. Das Mehl, Salz und die Flüssigkeit unter die Schaummasse rühren und den Teig 1/2 Stunde quellen lassen. Nun erst das Backpulver zugeben, noch einmal gut durchrühren.
Den Backofen auf 175°C vorheizen und das Backblech einfetten oder mit Backpapier auslegen. Jeweils die Menge eines Eßlöffels in den feuchten Händen zu einem abgeflachten Kegel formen, auf das Blech legen und mit dem angerührten Sojamehl bestreichen. Etwa 20 Minuten backen.
Gebäckstücke auf einem Gitter auskühlen lassen und auf der glatten Unterseite mit einer hellen Glasur, Schokoladenglasur oder der im Wasserbad erhitzten Carobschokolade bestreichen.

(F) *Dinkelwaffeln*

Für ca. 5 Waffeleisenfüllungen:

300 g Dinkelvollkornmehl · $^3/_8$ l Mineralwasser

100 ml Sahne · 1 Prise Vollmeersalz

50 g Sauerrahmbutter · 2 EL Arrowroot

$^1/_8$ l kaltes Wasser

Das Vollkornmehl in eine Schüssel geben und von der Mitte her das Mineralwasser mit dem Handrührgerät einrühren. Die Sahne, das Salz, die zerlassene Butter und das im kalten Wasser angerührte Arrowroot ebenfalls von der Mitte her dazurühren. Den Teig $^1/_2$ Stunde quellen lassen.

Der Teig ist von festerer Beschaffenheit, dadurch werden die Waffeln knuspriger. Das Waffeleisen auf Stufe 4–5 einstellen, mit Sauerrahmbutter einfetten, den Teig mit einem Schöpflöffel in das Waffeleisen geben, gleichmäßig verstreichen, den Deckel des Waffeleisens auflegen und 5–8 Minuten backen. Die fertigen Waffeln unbedingt getrennt auf einem Gitter auskühlen lassen, dadurch bleiben sie länger knusprig.

Hirsewaffeln – glutenfrei

Für 8 Stück:

300 g Hirsevollkornmehl

2 EL Sojamehl oder 1 EL Arrowroot, in kaltem Wasser gelöst

1 Prise Vollmeersalz · $^1/_8$ l Sahne · $^1/_8$ l Mineralwasser

1 TL Zimt · 50 g Sauerrahmbutter · 50 g Birnendicksaft

Das Hirsemehl in eine Schüssel geben und mit den restlichen Zutaten zu einem Teig verrühren, zugedeckt $^1/_2$ Stunde quellen lassen. Vor dem Backen eventuell noch etwas Mineralwasser zugeben – der Teig sollte nicht zu fest, aber auch nicht zu flüssig sein. Das Waffeleisen auf Stufe 3 vorheizen, mit etwas Butter einstreichen und den Teig mit einem Schöpflöffel gleichmäßig darauf verteilen. Den Deckel schließen und die Waffeln in ca. 10 Minuten knusprig braun backen. Getrennt auf einem Kuchengitter abkühlen lassen.

Tip: Ganz lecker schmecken die Waffeln, wenn sie mit Himbeermarmelade bestrichen und mit Zimtsahne garniert werden.

Maiswaffeln süß – glutenfrei

Für 8 Stück:

300 g Maismehl

2 EL Sojamehl oder 1 EL Arrowroot, in etwas kaltem Wasser angerührt

1 Prise Vollmeersalz · 150 g Sonnenblumenkerne

1 TL Zimt · 100 g Birnendicksaft

etwa $^{3}/_{8}$ l Sahne-Wasser-Gemisch

Sauerrahmbutter für das Waffeleisen

Alle Zutaten in einer Schüssel zu einem glatten Teig verrühren und mindestens $^{1}/_{2}$ Stunde quellen lassen. Das Waffeleisen auf Stufe 3–4 stellen, mit Butter einpinseln und mit dem Schöpflöffel den Teig gleichmäßig darauf verteilen. Den Deckel des Waffeleisens schließen und die Waffeln ca. 7–10 Minuten knusprig backen. Auf einem Kuchengitter auskühlen lassen, dabei nicht aufeinander legen.

Reiswaffeln – glutenfrei

200 g Reismehl · 50 g gerösteter, gemahlener Sesam

50 g Sauerrahmbutter

200 g Sojamilch oder Sahne-Wasser-Gemisch

1 Prise Vollmeersalz

Alle Zutaten mit dem Rührgerät zu einem Teig verarbeiten und $^{1}/_{2}$ Stunde quellen lassen. Das Waffeleisen auf Stufe 3–4 stellen, mit Butter einfetten. Den Teig mit dem Schöpflöffel auf die Backfläche streichen und gut knusprig backen. Die fertigen Waffeln nebeneinander auf einem Rost abkühlen lassen oder sofort essen.

Tip: Sie können die Waffeln süß mit einer Marmelade oder Fruchtcreme reichen oder pikant mit gedünstetem Gemüse oder einer Salatrohkost.

(F) *Linzer Törtchen*

Für 6–8 Stück:

80 g Sauerrahmbutter · 100 g Birnendicksaft

etwas Vanillepudding · 1 TL Zimt

80 g gemahlene Mandeln · 1 EL Arrowroot

160 g Dinkelvollkornmehl

1 flacher TL Weinstein-Backpulver

Marmelade nach Wahl und Verträglichkeit

Zerlassene Butter mit Birnendicksaft schaumig rühren. Zimt und gemahlene Mandeln unterrühren, das mit kaltem Wasser angerührte Arrowroot einrühren und zuletzt das Vollkornmehl unterkneten. Für $^1/_2$ Stunde in den Kühlschrank stellen, den Backofen auf 200°C vorheizen und 6–8 Tortenförmchen einfetten. Den Teig zu einer Rolle formen, in 8 Teile schneiden, jedes Teigstück zwischen zwei Folien mit dem Nudelholz auswellen und die Förmchen damit auslegen. Mit der Marmelade füllen und mit Sonnenblumenkernen bestreuen. Die Backdauer beträgt bei 200°C 25–30 Minuten.

Tip: Diese Törtchen eignen sich sehr gut zum Einfrieren, als Vorrat für unvorhergesehene Besuche oder für die Kinder als Alternative bei bestimmten Festen.

Ⓦ *Mandelmakronen*

Für 35 Stück:

200 g gemahlene Mandeln · 50 g naturtrüber Apfelsaft

100 g Birnendicksaft oder Honig

100 g Dinkelvollkornmehl · Backoblaten von 4–5 cm Ø

ZUM GARNIEREN:

ganze, geschälte Mandeln

Alle Zutaten in einer Schüssel vermischen und mindestens $^1/_2$ Stunde quellen lassen. Mit zwei Teelöffeln, die Sie immer wieder in kaltes Wasser tauchen, kleine Häufchen auf die Oblaten setzen, jeweils eine ganze, geschälte Mandel daraufsetzen und bei 150°C ca. 30 Minuten backen. Makronen sollten mehr trocknen, als backen. Es sieht aber trotzdem schön aus, wenn sie eine goldgelbe Farbe haben. Deshalb schalte ich kurz vor Ende der Backzeit die Temperatur höher.

Tip: Anstatt der Mandeln können Sie auch sehr gut Cashewkerne für Cashewmakronen verwenden. Obenauf setzen Sie dann ganze Cashewkerne.

Makronen aus Trockenfrüchten

Für 35 Stück:
250 g Trockenfrüchte gemischt (z. B. Pflaumen, Äpfel, Birnen, Rosinen, Datteln, Feigen, je nach Verträglichkeit)
30 g Birnendicksaft oder Honig · 50 g naturtrüber Apfelsaft
evtl. etwas frisch gepreßter Zitronensaft
150 g gehackte Cashewkerne · 1 TL Zimt
50 g Dinkelvollkorn · 1 EL Sahne · 1 Meßlöffel Biobin
Backoblaten von 4–5 cm Ø

Die Trockenfrüchte mit den Cashewkernen in der Küchenmaschine zerkleinern und in eine Schüssel geben. Alle restlichen Zutaten unterrühren und mindestens $^1/_2$ Stunde quellen lassen. Mit zwei Teelöffeln, die Sie immer wieder in kaltes Wasser tauchen, kleine Häufchen auf die Oblaten setzen und bei 150°C ca. 30 Minuten backen.

Kokos-Dattel-Makronen

100 g Datteln · 40 g Sauerrahmbutter
100 g Birnendicksaft · 2 Meßlöffel Biobin
150 g Kokosflocken · 4 EL Sahne · $^1/_8$ l naturtrüber Apfelsaft
ZUM GARNIEREN:
geviertelte Datteln

Die Datteln in der Küchenmaschine zerkleinern. Die weiche Sauerrahmbutter schaumig rühren und nach und nach den

Birnendicksaft unterrühren. Die restlichen Zutaten zugeben, verrühren und $^1/_2$ Stunde durchziehen lassen. Mit zwei Teelöffeln kleine Häufchen auf ein gefettetes Backblech setzen, jeweils mit einer geviertelten Dattel garnieren und bei 175°C ca. 20 Minuten backen.

Schokomakronen

Für ca. 40 Stück:
40 g Sauerrahmbutter · 100 g Birnendicksaft oder Honig
2 EL Kakaopulver · 2 Meßlöffel Biobin · 4 EL Sahne
200 g Kokosflocken · 50 g gerösteter Sesam
$^1/_8$ l naturtrüber Apfelsaft
Backoblaten von 4–5 cm ∅

Die zerlassene Butter mit dem Birnendicksaft schaumig rühren, Kakaopulver, Biobin und Sahne unterrühren. Die Kokosflocken mit dem Sesam dazugeben und soviel Apfelsaft einrühren, daß eine nicht zu feste Makronenmasse entsteht, die noch $^1/_2$ Stunde durchziehen muß. Mit zwei Teelöffeln, die Sie immer wieder in kaltes Wasser tauchen, kleine Häufchen auf die Oblaten setzen und bei 160°C ca. 30 Minuten backen.

Tip: Makronen schmecken besonders gut, wenn sie außen knusprig und innen saftig sind.

Ⓦ *Marzipanecken*

150 g Marzipan (siehe Seite 159) · 175 g Sauerrahmbutter

150 g Hirsemehl · 150 g Dinkelvollkornmehl

50 g gerösteter Sesam

1 EL Sojamehl oder Arrowroot, mit etwas kaltem Wasser angerührt

100 g Birnendicksaft oder Honig

1 Msp Vanillepulver bei Verträglichkeit

1 Rezept Helle Glasur (siehe Seite 162) und gerösteter Sesam

Aus allen Zutaten einen Mürbteig kneten und $^1/_2$ Stunde kühlen. Den Teig zwischen zwei Folien $^1/_2$ cm dick auswellen, in Streifen von 2 x 4 cm schneiden, auf ein gefettetes Backblech legen und im vorgeheizten Backofen bei 180°C ca. 20–25 Minuten goldgelb backen. Auf einem Gitter auskühlen lassen und mit einer hellen Glasur aus Birnendicksaft und Kokosfett bestreichen, evtl. mit geröstetem Sesam bestreuen.

(F) *Dinkelküchlein*

Für 12 Stück:

250 g Dinkelvollkornmehl (nicht zu fein gemahlen)

1 gehäufter EL Sojamehl · Wasser

100 g ungeschwefelte Rosinen

50 g gehackte Cashewkerne

100 g Birnendicksaft oder Honig · 1 TL Zimt

kaltgepreßtes Olivenöl zum Ausbacken

ZUM BESTREUEN:

gerösteter Sesam oder Sonnenblumenkerne

Das Mehl mit dem Sojamehl in eine Schüssel geben und soviel Wasser mit dem Rührgerät einrühren, daß ein dicklicher Brei entsteht. Zugedeckt 3–4 Stunden durchziehen lassen. Inzwischen die Rosinen mit heißem Wasser überbrühen und abtropfen lassen. In den Mehlteig nun die restlichen Zutaten einrühren, gut abschmecken, eventuell noch nachsüßen. Die Teigbeschaffenheit soll eher fest sein.

Das Olivenöl in einer Pfanne erhitzen, mit Hilfe zweier Eßlöffel Küchlein in das heiße Öl setzen und von beiden Seiten goldgelb ausbacken. Nach dem Wenden geröstete Sonnenblumenkerne oder Sesam auf die Küchlein streuen.

Tip: Dazu paßt Apfelmus. Man kann die Küchlein auch kalt verzehren, wobei es vorzüglich schmeckt, wenn Sie auf die gebackenen Küchlein noch eine Diätzucker-Zimt-Mischung streuen.

Ⓕ *Hefeteigschnecken*

Für ca. 16 Stück:

500 g Dinkel- oder Weizenvollkornmehl · $^1/_8$ l Wasser

1 Würfel Hefe · 80 g Sauerrahmbutter

80 g Birnendicksaft oder Honig · 1 Prise Vollmeersalz

$^1/_8$ l Sahne

Die Hefe im Wasser auflösen und als Vorteig in die Mehlmitte rühren, 15 Minuten gehen lassen. Die restlichen Zutaten zugeben und so lange durchkneten, bis sich der Hefeteig vom Schüsselrand löst. Zugedeckt 45 Minuten gehen lassen.

Den Hefeteig auf leicht bemehlter Arbeitsfläche in der Größe 50 x 50 cm auswellen, die jeweilige Fülle bis zu den Rändern daraufstreichen und von unten nach oben aufrollen. Das Messer in Mehl eintauchen und von der Rolle ca. 16 Stücke abschneiden, auf ein gefettetes Backblech legen, eventuell etwas nachformen. Mit einem Tuch abdecken und ca. 15 Minuten gehen lassen. Den Backofen auf 200°C vorheizen. Die Backzeit beträgt 25–30 Minuten. Die Schnecken nach dem Backen auf ein Kuchengitter legen und mit einer hellen Glasur aus Birnendicksaft und Kokosfett (siehe Seite 162) bestreichen, abkühlen lassen.

Tip: Am besten schmecken diese Schnecken, wenn sie ca. 4 Stunden alt sind.

VARIATIONEN:

Mandelschnecken

Für ca. 16 Stück:
FÜR DIE FÜLLE:
200 g gemahlene Mandeln · 100 g ungeschwefelte Rosinen
100 g gemischte Trockenfrüchte (Apfel, Birne, Zwetschge, Feige)
150 g Birnendicksaft
100 g Sahne-Wasser-Gemisch oder Sojamilch
evtl. etwas frisch gepreßter Zitronensaft
ZUM BESTREICHEN:
Helle Glasur aus Birnendicksaft und Kokosfett (siehe Seite 162)

Tip: Anstatt der Mandeln können Sie natürlich auch Cashewkerne verwenden.

Die Mandeln und die Trockenfrüchte zusammen in der Küchenmaschine mahlen, die restlichen Zutaten zugeben und $^{1}/_{2}$ Stunde durchziehen lassen.

Mohnschnecken

Für ca. 16 Stück:

Für die Fülle:

200 g gemahlener Mohn

50 g gemahlene Mandeln oder Cashewkerne

50 g ungeschwefelte Rosinen · 150 g Birnendicksaft

Zimt und Vanillepulver nach Geschmack und Verträglichkeit

$^1/_4$ l heißes Sahne-Wasser-Gemisch

evtl. etwas frisch gepreßter Zitronensaft

Zum Bestreichen:

1 Rezept Helle Glasur (siehe Seite 162)

Den Mohn in der Mohnmühle, der Stahl-Getreidemühle oder der Keramik-Getreidemühle mahlen. Sie können ihn auch sehr gut durch die Haferflockenquetsche geben, eventuell zweimal. Den gemahlenen Mohn mit der heißen Sahne-Wasser-Mischung übergießen und die restlichen Zutaten einrühren. Auch die Mohnmasse sollte vor der Verwendung mindestens $^1/_2$ Stunde durchziehen.

Kirschschnecken

Für 16 Stück:

FÜR DIE FÜLLE:

400 g entsteinte Kirschen · 150 g gemahlene Cashewkerne

100 g Birnendicksaft

etwas Zimt und Vanille bei Verträglichkeit

200 g Crème fraîche

Die Kirschen mit den gemahlenen Cashewkernen in einer Schüssel vermischen, den Birnendicksaft und die Gewürze hinzugeben. Die Crème fraîche auf dem ausgerollten Hefeteig bis zum Rand verstreichen, die Kirschfülle darauf verteilen und aufrollen. Weitere Vorgehensweise siehe »Hefeteigschnecken«, Seite 140.

(F) (G) *Blätterteig-Schillerlocken*

Für ca. 12 Stück:

500 g Blätterteig (1 Grundrezept, siehe Seite 42)

ZUM BESTREICHEN:

1 EL Sojamehl · 2 EL Wasser

ZUM BESTREUEN:

Sesam

FÜR DIE FÜLLE:

$^1/_2$ l Sahne · Birnendicksaft oder Honig nach Geschmack

Den Blätterteig am Vortag nach Grundrezept herstellen, kühl aufbewahren. Auf leicht bemehlter Arbeitsfläche zu einer

40 x 40 cm großen Platte auswellen, 3 cm breite Streifen abschneiden und um eine gebutterte, bemehlte Form vom dünnen zum dicken Ende wickeln. Darauf achten, daß sich die Teigstreifen dabei $^1/_2$ cm überlappen. Auf ein mit kaltem Wasser abgespültes Blech legen, wobei die Teigenden nach unten gedreht werden. Kalt stellen, das Backrohr auf 220°C vorheizen. Die Schillerlocken mit dem angerührten Sojamehl bestreichen, nicht über die Ränder hinauskommen, mit Sesam bestreuen und ca. 25 Minuten backen. Nach dem Backen sofort vorsichtig von der Form lösen und erkalten lassen. Mit der gesüßten Sahne füllen.

Tip: Falls sie keine speziellen Formen für die Schillerlocken haben, können Sie sich aus dünnem Karton Rechtecke (15 x 12 cm) zurechtschneiden, diese zu einer Art Tüte formen (Durchmesser vorne 4 cm und hinten 2 cm), verkleben und mit Alufolie umwickeln. Vergessen Sie aber nicht das Einfetten! Sie können es auch mit Geschenkpapier- oder Küchenrollen probieren, die Sie der Länge nach aufschneiden, entsprechend formen, verkleben und mit Folie umwickeln.

Ⓕ Ⓖ *Blätterteigbrezen*

Für ca. 30 Stück:
1 Grundrezept Mürbteig süß (siehe Seite 37)
300 g Blätterteig (siehe Seite 42) · 2 EL Sahne
1 EL Sojamehl · 1 Tasse Marmelade nach Wahl

Einen Mürbteig herstellen und $^1/_2$ Stunde kalt stellen. Den Blätterteig auftauen lassen oder am Vortrag zubereiten.
Den Mürbteig zwischen zwei Folien 50 x 40 cm auswellen, ebenso den Blätterteig auf leicht bemehlter Arbeitsfläche auf 50 x 40 cm auswellen. Die Mürbteigplatte mit der Sahne-

Sojamehl-Mischung bestreichen und die Blätterteigplatte darauflegen, etwas andrücken. Den Teig nun in $1^1/_2$ cm breite Streifen schneiden und spiralförmig so drehen, daß die Blätterteigseite nach außen kommt; zu Brezen legen und die Enden gut zusammendrücken.
Auf ein mit kaltem Wasser abgespültes Backblech legen und im vorgeheizten Backofen bei 220°C 15 Minuten backen. Die Marmelade vorsichtig erhitzen und die noch warmen Brezen damit bestreichen.
Auf einem Kuchengitter abkühlen lassen.

(F)(G) *Buchstabengebäck*

300 g Dinkelvollkornmehl · 50 g Cashew- oder Mandelmus

125 g Sauerrahmbutter · 150 g Birnendicksaft oder Honig

50 g Kakao oder Carob · 1 Prise Vollmeersalz

1 TL Arrowroot, mit etwas kaltem Wasser angerührt

ZUM BESTREICHEN:

Schokoladen- oder Carobglasur oder ein Helle Glasur (siehe Seite 162)

Aus den Zutaten einen Mürbteig herstellen, diesen mindestens $^1/_2$ Stunde kühlen. Den Teig vierteln und aus jedem Viertel eine Schlange von einem Durchmesser von 1 cm formen. An einem Ende beginnend beliebige Buchstaben legen, mit einem Messer von der Schlange abschneiden und vorsichtig auf ein gefettetes Backblech legen. Achten Sie darauf, daß die Buchstaben nicht zu groß werden, sonst brechen sie nach dem Backen sehr leicht. Backdauer bei 200°C ca. 10 Minuten. Die Buchstaben gut abkühlen lassen und nach Belieben mit einer entsprechenden Glasur versehen.

(O) *Osterhasen aus Mürbteig*

300 g Dinkelvollkornmehl · 50 g gemahlene Mandeln
125 g Sauerrahmbutter · 150 g Birnendicksaft
50 g Kakao · 1 Prise Vollmeersalz
evtl. etwas frischer Zitronensaft · 2 EL Sahne
FÜR DIE VERZIERUNG:
1 Grundrezept Helle Glasur (siehe Seite 162) und gerösteter Sesam

Aus den angegebenen Zutaten einen Mürbteig herstellen und $^1/_2$ Stunde kühlen. Wenn Sie keine Osterhasen-Ausstechformen haben, können Sie sich Osterhasen-Schablonen aus dünnem Karton machen, nach denen der ausgewellte Teig mit dem Messer ausgeschnitten wird. Rollen Sie den Teig zwischen zwei Folien nicht zu dünn aus. Nun die Osterhasen ausstechen oder -schneiden. Das Backrohr auf 200°C vorheizen. Die Osterhasen auf ein gefettetes Backblech legen, als Auge Sonnenblumenkerne oder zugeschnittene Cashewkerne eindrücken und die Hasen ca. 20–25 Minuten backen. Nach dem Backen läßt man die Hasen auf einem Kuchengitter abkühlen, bestreicht sie mit einer hellen Glasur und taucht die Hasen mit dem Fußteil 2–3 cm tief in gerösteten Sesam ein.

Tip: Sie können auch einen kakaofreien Mürbteig verwenden und helle Osterhasen backen. Diese dann mit einer Schokoladen- oder Carobglasur bestreichen. Den unteren Rand können Sie in gemahlene Pistazienkerne eintauchen, so daß der Hase im »Gras« sitzt.

(O) *Osterhasen aus Hefeteig*

500 g Dinkelvollkornmehl · 1 Würfel Hefe

1/4 l warme Sojamilch oder Sahne-Wasser-Gemisch

1 Prise Vollmeersalz · 50 g Mandelmus

30 g Sauerrahmbutter · 100 g Birnendicksaft oder Honig

ZUM BESTREICHEN:

1 TL Sojamehl, mit etwas Sahne oder Wasser verrührt

Rosinen für die Augen · Schablonen aus dünnem Karton

Glasuren nach Belieben und Verträglichkeit, z. B. Helle Glasur, Carobglasur, Schokoladenglasur (siehe Seite 162)

Das Mehl in eine Schüssel geben, eine Mulde in die Mitte drücken und die Hefe hineinbröckeln. Mit der warmen Sojamilch und etwas Mehl zu einem Vorteig verrühren, bestäuben und zugedeckt 15 Minuten gehen lassen. Die weiche Butter, das Mandelmus, Salz und den Birnendicksaft zugeben und alles gut verkneten. Nochmals 45 Minuten zugedeckt gehen lassen. Ein Backblech fetten und aus Karton Schablonen vorbereiten. Den Hefeteig auf bemehlter Arbeitsfläche kurz durchkneten, 1 cm dick auswellen, Osterhasenschablonen auflegen und mit dem Messer oder einem Küchenrädchen ausschneiden. Auf ein gefettetes Backblech legen, mit einer Sahne-Sojamehl-Mischung bestreichen, Rosinen als Augen eindrücken und zugedeckt nochmals 15 Minuten gehen lassen. Den Backofen auf 200°C vorheizen. Die Osterhasen ca. 15 Minuten backen, auf einem Gitter abkühlen lassen und mit einer Glasur nach Wahl bestreichen.

Ⓞ *Osternester aus Hefeteig*

Für ca. 16 Stück:
1 Rezept Hefeteig wie für »Osterhasen aus Hefeteig«
16 hartgekochte oder ausgeblasene Eier
1 TL Sojamehl, mit etwas Sahne oder Wasser verrührt

Den Hefeteig wie auf Seite 147 beschrieben zubereiten, auf bemehlter Arbeitsfläche kurz durchkneten, in 16 Stücke teilen und aus jedem Teigstück ca. 50 cm lange Stränge formen. Diese zu Spiralen drehen, jeweils zu einem Kreis legen und am Ende durch eine Schlinge verschließen. Die Nester auf ein gefettetes Backblech legen, mit der Sojamehl-Mischung bestreichen, je 1 Ei in die Mitte drücken und zugedeckt nochmals 15 Minuten gehen lassen. Den Backofen auf 200°C vorheizen. Die Nester ca. 15 Minuten backen und zum Auskühlen auf ein Gitter legen. Die Eier nach dem Backen färben oder anders verzieren oder bemalen.

Tip: Wenn Ihre Kinder gerne Rosinen essen, dann können Sie dem Teig ca. 50 g ungeschwefelte, kurz überbrühte Rosinen beimengen.

Kleingebäck pikant

Gemüsewaffeln

125 g Dinkelvollkornmehl · 20 g Hefe
$^1/_8$ l Sojamilch o. ä. · 2 EL Sahne
1 TL Arrowroot oder 1 EL Sojamehl · Kräutersalz
50 g geriebener Pecorino (Schafkäse) · 150 g Kohlrabi
1 Möhre · 250 g Lauch · 1 Zwiebel · 1 Knoblauchzehe
1 Bund frische Petersilie · 3 EL kaltgepreßtes Olivenöl

Das Mehl in eine Schüssel geben und die in der Sojamilch gelöste Hefe von der Mitte her zu einem dicklichen Vorteig rühren, mit Mehl bestäuben und zugedeckt 15 Minuten gehen lassen. Sojamehl oder Arrowroot in einer Tasse mit der Sahne verrühren. Das Gemüse waschen, putzen, kleinschneiden und im Olivenöl ganz kurz andünsten, abkühlen lassen. Zum gegangenen Vorteig nun die restlichen Zutaten geben, verrühren, zuletzt das Gemüse unterrühren, abschmecken. Das Waffeleisen auf Stufe 4–5 einstellen, mit Sauerrahmbutter einfetten, den Teig mit einem Schöpflöffel gleichmäßig verteilen, den Deckel des Waffeleisens schließen und die Gemüsewaffeln 8–10 Minuten backen. Die fertigen Waffeln unbedingt getrennt auf einem Kuchengitter auskühlen lassen, sie werden sonst zu schnell weich. Am besten stellt man das Waffeleisen auf den Tisch und bereitet sie während der Mahlzeit frisch zu.

Tip: Dazu schmeckt ein bunt gemischter Rohkostteller.

Maiswaffeln pikant – glutenfrei

Für 8 Stück:

200 g Maismehl · 100 g Hirsemehl

2 EL Sojamehl oder 1 EL Arrowroot, in etwas kaltem Wasser gelöst

50 g Sesam · gut $^3/_8$ l Sahne-Wasser-Gemisch

1 TL Vollmeersalz · 4–6 Zwiebeln

kaltgepreßtes Olivenöl

Sauerrahmbutter für das Waffeleisen

Alle Teigzutaten in einer Schüssel verrühren und mindestens $^1/_2$ Stunde quellen lassen. Inzwischen die Zwiebeln schälen, in Ringe schneiden und in etwas Olivenöl andünsten, abkühlen lassen. Das Waffeleisen auf Stufe 3–4 stellen, mit Butter einpinseln und mit dem Schöpflöffel den Teig gleichmäßig darauf verteilen. Zuletzt die Zwiebelringe daraufgeben, den Deckel des Waffeleisens schließen und die Maiswaffeln ca. 7–10 Minuten backen. Auf einem Kuchengitter auskühlen lassen. Dabei nicht aufeinander legen, da sie sonst sofort weich werden.

Tip: Dazu paßt frischer, mit Olivenöl, Knoblauch und Thymian angemachter Schafkäse oder ebenso angemachtes rohes Sauerkraut. Kinder mögen solche Waffeln einfach pur als Zwischenmahlzeit oder zum Abendessen.

Pikante Hirsepuffer – glutenfrei

200 g Hirse · gut $^1/_2$ l Wasser · 1 TL Vollmeersalz

100 g Maismehl · 2 EL Sojamehl · $^1/_8$ l Wasser

je 1 Stange Knoblauchgrün und Frühlingszwiebeln

ZUM AUSBACKEN:

kaltgepreßtes Olivenöl

Die Hirse mit dem Wasser und dem Salz in einem Topf zum Kochen bringen und auf geringer Stufe ausquellen lassen, bis die Flüssigkeit aufgenommen ist; abkühlen lassen. Das Maismehl mit dem Sojamehl und dem Wasser in einer Schüssel verrühren, das in Ringe geschnittene Knoblauchgrün sowie die Frühlingszwiebel untermengen. Zuletzt den abgekühlten Hirsebrei unterrühren. Das Olivenöl in einer Pfanne erhitzen, mit einem Löffel 5–7 Portionen hineingeben und die Hirsepuffer von beiden Seiten goldgelb backen.

Tip: Dazu Mangoldgemüse oder Salat reichen. Kalt schmecken die Hirsepuffer mit in Knoblauch und Olivenöl eingelegtem Schafkäse ebenso hervorragend.

Ⓕ Käsegebäck

250 g Grünkernmehl

50 g Reismehl (oder 300 g Grünkernmehl und 2 EL Sojamehl)

125 g Sauerrahmbutter

100 g geriebener Käse (Schaf- oder Ziegenkäse)

1 TL Vollkorn- oder Kräutersalz

1 TL getrockneter Thymian · $^1/_8$ l Wasser

Aus den Zutaten einen Mürbteig kneten und für $^1/_2$ Stunde kalt stellen. Den Teig zwischen zwei Folien nicht zu dick auswellen, auf eine bemehlte Arbeitsfläche legen und Teigstreifen (1 cm x 7 cm) abschneiden oder Taler von 3 cm Ø ausstechen. Auf ein gefettetes Backblech legen, mit zerlassener Butter oder Sahne bestreichen und im vorgeheizten Backofen bei 220°C ca. 20 Minuten backen. Gut auskühlen lassen und in einer Dose aufbewahren.

Dampfnudeln pikant

300 g Dinkelvollkornmehl · $^1/_4$ l Wasser

4 mittelgroße gekochte Kartoffeln · 6 Zwiebeln

kaltgepreßtes Olivenöl · 200 g Sahne

2 TL Weinstein-Backpulver · 1 TL Vollmeersalz

1 Knoblauchzehe

Muskat und Pfeffer nach Geschmack und Verträglichkeit

100 g geriebener Schafkäse (Pecorino)

Das Dinkelmehl mit dem Wasser verrühren und mindestens $^1/_2$ Stunde quellen lassen. Je länger, desto besser. Die gekoch-

ten Kartoffeln noch heiß durch die Kartoffelpresse drücken und abkühlen lassen. Die Zwiebeln schälen, fein würfeln oder in Ringe schneiden und im heißen Olivenöl knusprig bräunen. Zur Kartoffelmasse die Sahne, das Backpulver und die Geschmackszutaten rühren, den Dinkelteig unterkneten, ebenfalls die gerösteten, abgekühlten Zwiebeln und den geriebenen Käse. Eine Auflaufform fetten, den Backofen auf 175°C vorheizen.
Aus dem Dinkel-Kartoffelteig mit nassen Händen Klöße formen und nebeneinander in die gefettete Auflaufform legen. Mit einem Stück Alufolie die Form abdecken und um den Rand herum gut festdrücken, damit keine Luft entweichen kann und die Dampfnudeln aufgehen können. Die Backzeit bei 175°C beträgt 70 Minuten.

Tip: Diese pikanten Dampfnudeln schmecken sowohl warm mit Sauerkraut als auch kalt zum Wein.

Croissants

Für 16 Stück:

1/2 Grundrezept (= 500 g) Plunderteig (siehe Seite 43)

Sahne oder Sojamilch zum Bestreichen

Sesam zum Bestreuen

Am Vortag den Plunderteig herstellen und auftauen lassen. Den Teig halbieren und 2 Platten in der Größe 40 x 20 cm auswellen. Die Kanten eventuell gerade schneiden. Aus jeder Teigplatte Dreiecke von 10 x 20 x 20 cm schneiden. Diese zur Spitze hin aufrollen und zu Hörnchen formen.
Die Hörnchen nicht zu dicht auf ein Backblech legen (dieses muß nicht gefettet sein, da der Teig fett genug ist) und zuge-

deckt so lange gehen lassen, bis sie ihre doppelte Größe erreicht haben. Den Backofen auf 220°C vorheizen. Die Croissants mit Sahne oder Sojamilch bestreichen, mit Sesam bestreuen und auf der zweiten Schiene von unten ca. 20 Minuten hellbraun backen. Die fertigen Hörnchen noch einige Minuten auf dem Blech lassen, dann auf ein Kuchengitter zum Auskühlen legen.

Tip: Sie können auch einen Vorrat anlegen, indem Sie die Croissants einfrieren und bei Bedarf dann im Backrohr auftauen, z. B. für das Sonntagsfrühstück.

(G) (F) *Blätterteiggebäck pikant*

300 g Blätterteig (siehe Seite 42)

ZUM FÜLLEN:

Gouda von Ziege oder Schaf aus dem Naturkostladen

Schafkäse aus der Lake

Gewürzkräuter (z. B. Thymian, Salbei, Majoran)

Knoblauch · Zwiebeln · Lauch oder Zucchini gedünstet

Sesam · Mohn · Vollmeer- oder Kräutersalz

ZUM BESTREICHEN:

Sahne-Sojamehl-Mischung aus 1 EL Sojamehl, vermischt mit 2–3 EL Sahne

VARIATIONEN:

Gefüllte Blätterteighörnchen

FÜLLE I:

Frischen Schafkäse mit der Gabel etwas zerdrücken, Thymian, 1 zerdrückte Knoblauchzehe und etwas Vollmeersalz daruntermischen.

FÜLLE II:

Kleingewürfelte Zwiebel, Lauch und Knoblauch in etwas Olivenöl andünsten, abschmecken, eventuell etwas Kümmel zugeben.

FÜLLE III:

In feine Scheiben geschnittenen Gouda in die Mitte legen.

Den Blätterteig halbieren und auf einer bemehlten Arbeitsfläche zu 2 Platten von 40 x 20 cm auswellen. Aus jeder Platte Dreiecke von 10 x 20 x 20 cm ausschneiden, mit einem Eßlöffel in die Mitte die Fülle setzen und zur Spitze hin aufrollen. Zu Hörnchen formen und auf ein mit kaltem Wasser abgespültes Backblech legen.
Mit der Sahne-Sojamehl-Mischung bestreichen und nach Belieben Sesam, Mohn oder geriebenen Käse daraufstreuen und im vorgeheizten Backrohr bei 220°C (Umluft 200°C) ca. 25 Minuten backen.

Gefüllte Blätterteigtaschen

Ergibt ca. 6–8 Stück)

Den Blätterteig auf bemehlter Arbeitsfläche gut messerrückendick auswellen, runde Plätzchen im Durchmesser von 10 cm ausstechen, den Rand mit dem angerührten Sojamehl bestreichen, auf eine Hälfte die vorbereitete Fülle geben, die andere Teighälfte darüberklappen, Rand andrücken, die Täschchen auf das Backblech legen, mit dem angerührten Sojamehl bestreichen, eventuell mit Sesam bestreuen und im vorgeheizten Backofen bei 220°C ca. 25 Minuten goldgelb backen.

(F)(G) *Käsegebäck*

Den Blätterteig auf bemehlter Arbeitsfläche auswellen und mit Förmchen Plätzchen ausstechen, auf das Backblech legen, mit angerührtem Sojamehl bestreichen, mit Sesam, Mohn, Käse und/oder Kräutern bestreuen und im vorgeheizten Backrohr bei 220°C 15–20 Minuten goldgelb backen.

Blätterteigpasteten

Für ca. 6–8 Stück:

Den Blätterteig auf bemehlter Arbeitsfläche $^1/_2$ cm dick auswellen, runde Plätzchen im Durchmesser von 8 cm ausstechen, $^1/_3$ der Plätzchen ganz lassen, $^2/_3$ der Plätzchen (mit einer kleineren Ausstechform) zu Ringen ausstechen; die kleinen Plätzchen dienen als Deckel für die Pasteten.
Den Rand der ganzen Plätzchen mit dem angerührten Sojamehl in der Breite der Teigringe bestreichen, den ersten Teigring auflegen, leicht andrücken, mit angerührtem Sojamehl bestreichen, den zweiten Teigring auflegen und leicht andrücken; eventuell ein Stück Küchenrolle zur Stabilisierung in die Mitte stecken. Die Pasteten auf ein mit kaltem Wasser abgespültes Blech legen, mit dem angerührten Sojamehl bestreichen. (Achten Sie darauf, daß Sie nicht über den Rand hinaus streichen; die Pasteten gehen sonst nicht auf. Im vorgeheizten Backrohr bei 220°C ca. 25 Minuten backen. Die kleinen Plätzchen dienen als Deckel für die Pasteten. Diese werden auf ein extra Blech gelegt, mit der Sojaflüssigkeit bestrichen und bei 220°C ca. 10 Minuten goldgelb gebacken.
Die Pasteten mit einer pikanten Gemüse-Käse-Füllung füllen, Deckel auflegen und heiß servieren.

Tip: Die gebackenen Pasteten können gut verpackt im Kühlschrank einige Tage aufbewahrt oder eingefroren werden. Bei Bedarf vor dem Füllen in der vorgeheizten Backröhre aufbacken.

(G)(F)

Mürbteigbrezeln pikant

250 g Dinkelvollkornmehl · 50 g Grünkernmehl

125 g Sauerrahmbutter · 1 TL Vollmeersalz

1 EL Sojamehl · 200 ml Wasser

20 g Sauerrahmbutter · Sesam

Mohn oder getrocknete Kräuter, z. B. Thymian, Oregano

Einen Mürbteig herstellen und $^1/_2$ Stunde kühlen. Auf leicht gefetteter Arbeitsfläche den Teig zu zwei Rollen formen und jeweils ca. 16 Stücke abschneiden. Aus jedem Teigstück einen 12 cm langen Strang rollen, dessen Enden etwas dünner werden, zu Brezen formen. Die Enden mit leichtem Druck auf die beiden dickeren Seiten festmachen. Mit zerlassener Butter einstreichen, mit Sesam, Mohn oder Kräutern bestreuen und auf ein gefettetes Backblech legen. Bei 200°C 15–20 Minuten goldbraun backen.

Konfekt und Glasuren

Marzipan

Für 250 g fertiges Marzipan:

200 g geschälte Mandeln · 3 bittere Mandeln

5 EL Birnendicksaft oder Honig

bis 1 EL Rosenwasser (Apotheke oder Reformhaus)

Geschälte Mandeln (ganze Mandeln kurz in kochendes Wasser geben, abseihen und aus der Schale drücken, auf einem Tuch ausgebreitet trocknen lassen) und Bittermandeln sehr fein mahlen, Süßungsmittel und Rosenwasser zugeben und gut verkneten. In Folie gewickelt einen Tag im Kühlschrank durchziehen lassen.

Hagebuttenkugeln

Für 35 Stück:

200 g geschälte, gemahlene Mandeln

2 EL Hagebuttenmarmelade

100 g gemahlene, geröstete Mandeln

$^1/_2$ Rezept Schokoglasur (siehe Seite 162)

Die gemahlenen Mandeln mit der Hagebuttenmarmelade vermischen, Kugeln von 2 cm Durchmesser formen. Die Kugeln auf einen Holzspieß (Zahnstocher) stecken, in der Schokoglasur drehen und sofort in den gerösteten Mandeln wälzen, auf Pergamentpapier trocknen lassen.

Mandelkonfekt

Für 30 Stück:

125 g Birnendicksaft · 20 g ungehärtetes Kokosfett

250 g Mandelstifte · 1 TL Zimt · 2 EL Sahne

Birnendicksaft, Kokosfett, Mandeln und Zimt in einem Topf erhitzen, dabei leicht anbräunen, mit der Sahne ablöschen und von der Kochstelle nehmen; abkühlen lassen. Mit zwei Teelöffeln, die man immer wieder in heißes Wasser taucht, kleine Häufchen auf Pergament- oder Backpapier legen und einige Stunden trocknen lassen. In Konfektpapier legen und in Dosen aufbewahren.

Tip: Sie können das Konfekt auch aus gehackten Cashewkernen zubereiten.

Kastanienkonfekt

Für 40 Stück:

125 g getrocknete Äpfel · 200 g Marzipan

50 g Birnendicksaft · evtl. etwas Zitronensaft

$^1/_2$ Rezept Schokoglasur (siehe Seite 162)

Die Dörräpfel im Mixer kleinhacken und 2 Stunden im Birnendicksaft ziehen lassen. Marzipan darunterkneten, kleine Kugeln formen, auf einen Holzspieß stecken und zu $^2/_3$ in die

Schokoglasur tauchen. Auf Pergamentpapier trocknen lassen und in Konfektpapier setzen.

Aprikosenkonfekt

200 g getrocknete ungeschwefelte Aprikosen

100 g gemahlene Cashewkerne · 50 g Birnendicksaft

ZUM WÄLZEN:

gemahlene, geröstete Cashewkerne · geröstete Kokosflocken

Die Aprikosen im Mixer kleinhacken und mit den restlichen Zutaten vermengen. Aus der Masse eine Rolle formen, davon Scheiben abschneiden und diese zu Kugeln formen (Durchmesser 2 cm) oder in Scheiben belassen. Kugeln oder Scheiben in den Kokosflocken oder gerösteten Cashewkernen wälzen. Nach Belieben in Konfektpapier setzen und in Dosen aufbewahren.

Dattelkonfekt

25–30 Datteln · 200 g Marzipan

1 Rezept Schokoglasur (siehe Seite 162)

Die Datteln entsteinen und mit einer geformten Marzipankugel füllen, auf einen Holzspieß stecken und in die Schokoglasur tauchen. Auf Pergamentpapier trocknen lassen.

Schokoglasur

150 g Diätzucker · 2 EL Kakaopulver (oder Carobpulver)
50 g Kokosfett · 4 EL heißes Wasser

Diätzucker und gesiebten Kakao mischen, mit heißem Wasser glattrühren, zuletzt zerlassenes, warmes Kokosfett unterrühren, sofort verwenden. Damit die Glasur nicht zu schnell erkaltet, kann man sie auch in ein warmes Wasserbad stellen. Es ist wichtig, die Glasur gut zu verrühren, bis sich der etwas gröbere Diätzucker gelöst hat.

Variation zur Schokoglasur für ganz Eilige

In eine Tasse eine Tafel milchfreie Zartbitterschokolade (z. B. von der Firma Rapunzel) mit 20 g ungehärtetem Kokosfett geben und im Wasserbad zum Schmelzen bringen.

Helle Glasur

In eine Tasse ca. 150 g Diätzucker geben, nach und nach etwas heißes Wasser dazurühren, bis eine glatte, glänzende Masse entsteht. Sie können zuletzt auch ein paar Tropfen Apfelsaft oder frisch gepreßten Zitronensaft nehmen, wodurch die Glasur etwas säuerlicher wird.

Variation zur hellen Glasur

In eine Tasse 25 g zerlassenes Kokosfett geben und 2 EL Birnendicksaft oder Honig unterrühren. Mit einem Pinsel Kuchen, Hefezopf oder Kleingebäck einstreichen. Lassen Sie sich nicht dadurch irritieren, daß das Fett und der Honig sich anfangs nicht gut vermischen lassen. Beim Aufpinseln ist das Problem behoben.

Aus der Brotbackstube

Semmeln, Brezen, Knäckebrot

Vollkornsemmeln

Für ca. 32 Stück:
1 kg Vollkornmehl aus Dinkel, Weizen oder einer Mischung aus beiden
200 ml warmes Wasser · 1 Würfel Hefe
500 ml Sojamilch oder Sahne-Wasser-Gemisch (1 : 2)
1–2 TL Vollmeersalz
ZUM BESTREICHEN:
Sahne oder Sojamilch
ZUM BESTREUEN:
Mohn · Sesam · Sonnenblumenkerne

Das Vollkornmehl in eine Schüssel geben, in die Mitte eine Mulde drücken und die im warmen Wasser gelöste Hefe einrühren, so daß ein dicklicher Brei entsteht. Zugedeckt 15 Minuten gehen lassen. Hat der Vorteig das doppelte Volumen erreicht, werden die restlichen Zutaten eingeknetet. Nun wieder zugedeckt 45 Minuten gehen lassen.

Den Hefeteig kräftig durchkneten, zwei Rollen formen und aus jeder Rolle 16 Stücke schneiden. Auf bemehlter Arbeitsfläche wird jedes Teigstück mit der hohlen Hand kreisend geformt. Die Semmel wird dadurch oben rund und unten flach. Die geformten Semmeln auf ein gefettetes Backblech legen, kreuzweise oder nur in eine Richtung einschneiden, mit Sojamilch bestreichen und mit den oben angegebenen Zutaten bestreuen. Nochmals zugedeckt gehen lassen. Den Backofen auf 200°C vorheizen. Die Semmeln 25 Minuten backen, auf einem Gitter auskühlen lassen.

Tip: Frisch schmecken die Semmeln am besten. Sie können aber auch eingefroren werden, sobald sie genug abgekühlt sind.

Knäckebrot

Für 16 Stück:
150 g Dinkelvollkornmehl · 1/2 TL Vollmeersalz
30–50 g Leinsamen · 30 g Sauerrahmbutter
150 g Wasser
ZUM BESTREUEN:
Sesam oder Mohn

Aus den Zutaten einen Teig kneten und für 1 Stunde kalt stellen. Den Backofen auf 225°C vorheizen. Den Teig auf bemehlter Arbeitsfläche dünn auswellen und Rechtecke ausradeln (6 x 12 cm). Die Teigstücke auf ein gefettetes Backblech legen, mit dem Fleischklopfer ein Muster eindrücken, mit Wasser einstreichen und mit Sesam oder Mohn bestreuen. Die Backzeit beträgt ca. 15–20 Minuten. Auf einem Gitter gut auskühlen lassen und in einer verschließbaren Dose aufbewahren.

Tip: Eine Mutter rief mich an, sie hätte aus diesem Teig Brezen gemacht, die sehr gut schmecken würden. Probieren Sie es einfach mal aus!

Ⓕ *Zwiebelkipferl*

Für 12 Stück:

400 g Dinkelvollkornmehl · 200 g Roggenvollkornmehl

$^1/_4$ l Wasser · 1 Würfel Hefe · 4 Zwiebeln

2 EL kaltgepreßtes Olivenöl

evtl. Kümmel ganz oder gemahlen · $^1/_4$ l Wasser

1 EL Vollmeersalz

evtl. zerlassene Butter zum Bestreichen

Das Mehl in eine Schüssel geben und die im Wasser angerührte Hefe von der Mitte her zu einem dicklichen Brei rühren, mit Mehl bestäuben und zugedeckt 15 Minuten gehen lassen. Zwiebeln schälen, klein würfeln und im Olivenöl hellbraun rösten, abkühlen lassen. Die gerösteten Zwiebeln, das Salz, den Kümmel und das restliche Wasser nun zum Vorteig in die Schüssel geben und den Hefeteig kräftig durchkneten. Zugedeckt 1 Stunde stehenlassen, bis er das doppelte Volumen erreicht hat.

Auf der bemehlten Arbeitsfläche den Hefeteig von Hand durchkneten, zu einer Rolle formen und 12 Stücke abschneiden. Jedes Stück zu einer Kugel formen, plattdrücken und rollen, so daß die beiden Enden spitz zulaufen, Länge der Kipferl ungefähr 15 cm. Die Kipferl auf ein gefettetes Backblech legen, mit einem Tuch abgedeckt wieder etwas aufgehen lassen. Den Backofen auf 225°C vorheizen. Die Kipferl mit zerlassener Butter oder mit Wasser einpinseln, dreimal schräg einschneiden und 25 Minuten backen. Auf einem Gitter abkühlen lassen.

Olivensemmeln/ Kürbiskernsemmeln

Für 18–32 Stück, je nach Teigart:
1 Grundrezept Sauerteig oder Backfermentteig
200 g Kürbiskerne bzw. 250 g entsteinte Oliven

Nach dem Grundrezept Ihrer Wahl einen Sauerteig oder Backfermentteig herstellen und zum letzten Durchkneten des Teiges Kürbiskerne oder entsteinte Oliven hinzufügen. Auf leicht bemehlter Arbeitsfläche eine Rolle formen, ca. 18–32 Stücke davon abschneiden. Jedes Teigstück wird nun in der hohlen Hand auf der Arbeitsplatte gerollt und auf ein gefettetes Backblech gelegt. Die Semmeln zugedeckt noch eine halbe Stunde aufgehen lassen, das Backrohr auf 220°C vorheizen. Die gegangenen Semmeln mit Wasser bepinseln, mit einem Messer einschneiden und ca. 25–30 Minuten backen.

Vollkornzwieback

Für ca. 32 Stück:
500 g Weizen- oder Dinkelvollkornmehl
1/4 l warmes Wasser · 1/2 Würfel Hefe
100 g Birnendicksaft oder Honig · 50 g Sauerrahmbutter
1 Prise Vollmeersalz
ZUM BESTREICHEN:
1 EL Sojamehl · 4 EL Wasser · 1 EL Birnendicksaft

Das Mehl in eine Schüssel geben und die in Wasser gelöste Hefe von der Mitte her mit etwas Mehl zu einem dicklichen Brei rühren; 15 Minuten zugedeckt gehen lassen. Nun die

restlichen Zutaten unterkneten und den Teig durcharbeiten, bis er sich vom Schüsselrand löst.
Nochmals 30 Minuten gehen lassen. Den Hefeteig vierteln, 4 gleichmäßige Rollen formen, auf ein gefettetes Backblech legen, flachdrücken und mit dem angerührten Sojamehl bepinseln. Die Rollen vor dem Backen wieder etwas gehen lassen. Auf mittlerer Schiene dann bei 200°C (nicht vorheizen) 30–40 Minuten backen. Auf einem Gitter auskühlen lassen. Am nächsten Tag in 1 cm dicke Scheiben schneiden, flach auf die Backbleche verteilen und bei 160°C goldgelb backen, dabei einmal wenden. Wenn Sie einen Umluftherd haben, so können Sie auch bei 150°C Umluft mit Grill kombinieren, aber auch hier das Wenden nicht vergessen.

Biggis Roggensemmeln

Für 16–18 Stück:
1 Würfel Hefe
gut 1/4 l Sojamilch oder Sahne-Wasser-Gemisch
300 g Roggenvollkornmehl · 200 g Weizenvollkornmehl
100 g Buchweizenvollkornmehl
1 gehäufter TL Vollmeersalz · 50 g Sonnenblumenkerne
80 g Leinsamen
ZUM BESTREICHEN:
Sahne oder zerlassene Butter

Die Hefe in der warmen Sojamilch auflösen, das Mehl in eine Schüssel geben und mit dem Rührgerät von der Mitte her die Hefeflüssigkeit einrühren, bis ein dicklicher Brei entsteht. Zugedeckt stehenlassen, bis der Vorteig seine doppelte Größe erreicht hat. Nun die restlichen Zutaten so lange unterkneten, bis sich der Teig vom Schüsselrand löst. Der Hauptteig sollte noch einmal mindestens 45 Minuten gehen. Wenn Sie es eiliger haben, so verzichten Sie auf den Vorteig und mischen gleich alle Zutaten zusammen. Dafür können Sie den Teig aber für einige Stunden in den Kühlschrank stellen und weiterverarbeiten, wenn Sie besser Zeit haben. Den Hefeteig kräftig durchkneten, zu einer Rolle formen und 16–18 Stücke abschneiden. Auf leicht gefetteter Unterlage jedes Teigstück mit der hohlen Hand rollen, auf ein gefettetes Backblech legen und mit Sahne oder zerlassener Butter einpinseln. Die Semmeln zugedeckt noch 15 Minuten gehen lassen. Den Backofen auf 200°C vorheizen; Backzeit: 25 Minuten. Nach dem Backen auf einem Gitter abkühlen lassen.

(F) *Laugenbrezen und -stangen*

Für 16 Stück:

500 g Dinkelvollkornmehl · 300 ml warmes Wasser

30 g Hefe · 1 TL Vollmeersalz

1 EL weiche Sauerrahmbutter

FÜR DIE LAUGE:

2 EL Haushaltsnatron · 1 l Wasser

ZUM BESTREUEN:

Sesam oder grobes Salz

Einen Hefeteig ohne Vorteig herstellen. Der Teig darf nicht zu weich sein, sonst fällt er in der heißen Lauge auseinander. Den Hefeteig zugedeckt 1 Stunde gehen lassen. Kräftig durchkneten, zwei Rollen formen und je 8 Stücke abschneiden. Jedes Stück zu einer 50 cm langen Rolle formen und zu Brezen verschlingen oder zu Stangen formen. Auf einem bemehlten Tuch leicht aufgehen lassen. Den Backofen auf 225°C vorheizen. Das Wasser mit dem Natron in einem breiten Topf heiß werden lassen, 2–3 Brezen oder Stangen in die Lauge legen, mit dem Schaumlöffel etwas runterdrücken, nach 30 Sekunden mit dem Schaumlöffel wieder herausnehmen und abtropfen lassen. Die Brezen auf ein gefettetes Backblech legen, mit Sesam oder Salz bestreuen und ca. 20 Minuten bei 225°C backen.

(F) *Kümmelstangen/ Kümmelweckerl aus Sauerteig*

Ergibt 16 Stück

FÜR DEN VORTEIG:

1/2 l Wasser · 125 g Sauerteigansatz (siehe Seite 49)

400 g Roggenvollkornmehl

FÜR DEN HAUPTTEIG:

600 g Roggenvollkornmehl · 2 EL gemahlener Kümmel

1 EL gemahlener Koriander · 1 EL Vollmeersalz

200 g Wasser

grobkörniges Salz und ganzer Kümmel zum Bestreuen

Vorteig abends: Das Wasser in eine Schüssel geben und den Sauerteigansatz mit dem Schneebesen darin verrühren. Das Roggenvollkornmehl ebenfalls einrühren. Die Schüssel mit einer Folie abdecken und mindestens 12 Stunden bei ca. 28°C warm stellen. Sie können hier genauso verfahren wie bei der Herstellung des Backfermentteiges (siehe Seite 44).

Hauptteig morgens: Vom Vorteig nehmen Sie zuerst ca. 125 g Sauerteig ab. Diesen Sauerteigansatz bewahren Sie in einem

Schraubglas im Kühlschrank (1–2 Wochen) auf, bis Sie ihn wieder als Starter für ein Sauerteigprodukt benötigen.
Auf den Vorteig in der Schüssel geben Sie nun alle restlichen Zutaten und kneten den Teig gut durch. Mit einem Tuch oder einer Folie locker abgedeckt erneut für 2–3 Stunden in den 28°C warmen Ofen stellen. 2 Bleche mit Butter einfetten und den Backofen auf 200°C vorheizen. Den Sauerteig auf einer bemehlten Arbeitsfläche nochmals kräftig durchkneten und eine Rolle formen, die Sie dann in 16 Teile schneiden. Aus jedem Teil 15 cm lange Stangen rollen, die zu den Enden hin spitz zulaufen.
Für die Kümmelweckerl ca. 10 x 4 cm große Ovale formen. Die Stangen oder Weckerl werden auf das gefettete Backblech gelegt, mit nassen Händen glattgestrichen, mit einem Messer je dreimal schräg eingeschnitten und mit ganzem Kümmel bestreut. Locker mit einem Tuch abgedeckt sollen sie noch leicht aufgehen, bevor sie in den Backofen kommen. Das grobkörnige Salz erst kurz vor dem Backen auf die Stangen streuen. Die Backzeit beträgt 35–40 Minuten. Nach dem Backen gibt man die Gebäckstücke auf ein Gitter zum Auskühlen.

Buchweizensemmeln

Für 12 Stück:
300 g Buchweizenmehl · 200 g Dinkelvollkornmehl
1/2 Würfel Hefe · 1/4 l warmes Wasser · 1 TL Vollmeersalz
1/8–1/4 l Wasser · 100 g Leinsamen
1 EL gemahlener Kümmel
ZUM EINPINSELN:
zerlassene Butter oder Knoblauchbutter

Das Mehl in eine Schüssel geben und die im warmen Wasser gelöste Hefe von der Mitte her zu einem dicklichen Vorteig rühren, mit Mehl bestäuben und zugedeckt 15 Minuten gehen lassen. Das Salz, den Leinsamen, den Kümmel und das restliche Wasser unterkneten (zuerst $^1/_8$ l, eventuell etwas mehr) und den Hefeteig so lange kneten, bis sich der Teig als Kloß vom Schüsselrand löst. Mit Mehl bestäuben und nochmals zugedeckt ca. 1 Stunde gehen lassen. Den Teig ein letztes Mal durchkneten und auf einer bemehlten Arbeitsfläche in 12 Stücke teilen. Jedes Teigstück in der hohlen Hand zu einer Kugel formen und auf ein gefettetes Backblech legen. Sie können auch längliche Brötchen formen (10 cm lang) und diese dann dreimal schräg einschneiden. Mit einem Tuch abgedeckt noch ein wenig aufgehen lassen, mit zerlassener Butter einpinseln und mit einem Messer beliebig einschneiden. Backen bei 200°C ca. 40 Minuten.

Tip: Diese Semmeln schmecken auch sehr pikant, wenn sie in der zweiten Hälfte der Backzeit mit Knoblauchbutter eingepinselt werden.

Hirsesemmeln – glutenfrei

FÜR DIE 1. STUFE ABENDS:
200 g Hirse · 400 ml Wasser
150 g warmes Wasser
je 1 TL Sekowa-Backferment glutenfrei und Sekowa-Grundansatz glutenfrei
150 g Hirsemehl · 100 g Reismehl · 50 g Maismehl

Abends: Die Hirse mit dem Wasser in einen Topf geben, einmal aufkochen und auf ausgeschalteter Herdplatte garziehen lassen. Das Wasser in eine Schüssel gießen und das glutenfreie Backferment sowie den Grundansatz darin auflösen. Das Hirse- und Maismehl zugeben und gut verrühren. Die Schüssel mit einer Folie abdecken und bei 28°C mindestens 12 Stunden stehenlassen (siehe Grundrezept Backfermentteig, Seite 44).

Für die 2. Stufe morgens:
200 g Zwiebeln · 3–5 Knoblauchzehen
2 EL kaltgepreßtes Olivenöl · Hirsebrei vom Vorabend
2 EL Arrowroot · 4 EL kaltes Wasser · 50 g Reismehl
150 g Buchweizenmehl · 1 EL Vollmeersalz
Buchweizenmehl als Streumehl
Zum Bestreuen:
Sesam

Morgens: Die gewürfelten Zwiebeln und Knoblauchzehen im Olivenöl hellbraun rösten und abkühlen lassen.
Unter den Vorteig den Hirsebrei, das mit kaltem Wasser angerührte Arrowroot und die restlichen Zutaten kneten, zuletzt die gerösteten Zwiebeln und Knoblauchzehen darunterarbeiten. Den Teig zugedeckt ca. 1–3 Stunden bei 28°C stehenlassen, bis sich eine gute Lockerung zeigt und er gut aufgegangen ist.
Den Backofen auf 200°C vorheizen, auf den Backofenboden eine feuerfeste Schüssel mit Wasser stellen. Mit bemehlten Händen (Buchweizenmehl) aus dem Teig ca. 12 gleichmäßige Semmeln formen, auf das gefettete Backblech legen und zugedeckt noch etwas aufgehen lassen. Mit zerlassener Butter bepinseln, mit einem Messer einschneiden und eventuell mit Sesam bestreuen. Backzeit bei 200°C 30 Minuten, die letzten 10 Minuten auf 225°C hochschalten. Dadurch werden sie recht knusprig.

Tip: Wenn Sie Hefe vertragen, können Sie anstatt des Backfermentes natürlich auch 1 Würfel Hefe nehmen. Die Semmeln lassen sich dann noch am selben Tag backen.

Fladen

Tortillas – Maisfladen

Für ca. 40 Stück:

375 g Maismehl · 75 g Dinkelvollkornmehl

200 ml kaltgepreßtes Olivenöl · 3 TL Vollmeersalz

$^1/_2$ l Wasser

ZUM AUSBACKEN:

Olivenöl

Die Zutaten zu einem festen Teig verkneten und zugedeckt 1 Stunde ruhen lassen. Den Teig zu zwei Rollen formen und jeweils ca. 20 Stücke abschneiden. Auf bemehlter Arbeitsfläche dünn ausrollen (Ø 15–20 cm) und in der Pfanne von jeder Seite 1–2 Minuten backen. Die fertigen Fladen stapeln, bis alle gebacken sind, mit Folie abdecken, damit sie formbar bleiben. Dazu passen verschiedene Saucen, z. B. Avocadosauce (aus zerdrückter Avocado, gesäuert mit Apfelessig oder Zitronensaft, gewürzt mit Salz, eventuell etwas Muskat, Knoblauch und Basilikum, verlängert mit wenig Gemüsebrühe, abgerundet mit Crème fraîche), Tomatensauce (siehe Seite 112).

Tip: Sie können auch gefüllte Tortillas (= Enchiladas) herstellen. Diese werden mit Zucchinigemüse und Tomatensauce gefüllt, zusammengeklappt, mit Tomatensauce bestrichen, mit geriebenem Pecorino (Schafkäse) bestreut und bei 200°C ca. 20 Minuten im Backrohr überbacken.

Fladenbrot – hefefrei

Für ca. 6–8 Stück:

200 g Dinkel- oder Kamutvollkornmehl · 40 g Sesam

4 EL kaltgepreßtes Olivenöl

je 1 Msp Koriander und Kümmel · 1 TL Vollmeersalz

80 ml Wasser · 1/2 TL Weinstein-Backpulver

10 g ungehärtetes Kokosfett für das Blech

ZUM EINPINSELN UND BESTREUEN:

kaltgepreßtes Olivenöl · getrockneter Thymian

Alle Zutaten, bis auf das Backpulver, zu einem festen Teig kneten und 1/2 Stunde ruhen lassen. Den Backofen auf 225°C vorheizen und die Bleche einfetten. Das Backpulver unter den Teig kneten, Klöße formen und diese auf leicht bemehlter Arbeitsfläche mit dem Nudelholz auswellen (10 cm). Die Fladen auf zwei Backbleche verteilt legen, mit Olivenöl bestreichen und mit Thymian bestreuen. Den Thymian dabei zwischen Daumen und Zeigefinger zerreiben. Bei 225°C die Fladen ca. 12–15 Minuten knusprig backen.

Fladenbrot mit Hefe

Für 16–18 Stück:

750 g Dinkelvollkornmehl · 1 Würfel Hefe

1 Becher Sahnejoghurt (150 g)

$^1/_4$ l warmes Sahne-Wasser-Gemisch

2 EL Sojamehl oder 1 EL Arrowroot, mit 4 EL kaltem Wasser angerührt

1 gehäufter TL Vollmeersalz

ZUM BESTREICHEN UND BESTREUEN:

Sauerrahmbutter · Sonnenblumenkerne

Aus den angegebenen Zutaten einen Hefeteig herstellen. Den Teig auf bemehlter Arbeitsfläche zu einer Rolle formen und in ca. 18 Stücke teilen. Jedes Stück zu einer Kugel formen und mit dem Nudelholz zu einem Fladen von 10 cm Ø auswellen. Die Fladen auf gefettete Backbleche legen, mit zerlassener Sauerrahmbutter bestreichen und mit Sonnenblumenkernen bestreuen. Nochmals kurz aufgehen lassen, den Backofen auf 200°C vorheizen und die Fladen ca. 20 Minuten backen.

Kräuterfladenbrot

350 g Weizenvollkornmehl · 150 g Roggenvollkornmehl

$^1/_4$ l warmes Wasser · 1 Würfel Hefe

100 g Sonnenblumenkerne · $^1/_8$ l Wasser

1 TL Vollmeersalz

je 1 TL Rosmarin, Basilikum, Oregano und Thymian

1 EL kaltgepreßtes Olivenöl

Einen Hefevorteig herstellen und 15 Minuten gehen lassen. Sonnenblumenkerne und restliche Zutaten zum Vorteig geben und gut durchkneten. 1 EL Olivenöl in die Teigschüssel gießen, den Teig darin wälzen und ca. 45 Minuten gehen lassen, dabei mit einem Tuch abdecken. Den Teig nochmals durchkneten und in 8 Teile schneiden. Jedes Teil zu einer Kugel drehen und auf leicht geölter Arbeitsfläche dünn auswellen. Je 4 Fladen auf ein Backblech geben und bei 200°C 10 Minuten backen, wenden und weitere 10 Minuten backen.

Tip: Wenn Sie Knoblauch lieben und vertragen, so streichen Sie die Fladen nach dem Wenden mit Knoblauchbutter ein.

Pikante Roggenfladen (Sauerteig)

FÜR DEN VORTEIG:
1/2 l Wasser · 125 g Sauerteigansatz (siehe Seite 49)
400 g Roggenvollkornmehl
FÜR DEN HAUPTTEIG:
600 g Roggenvollkornmehl · 2 EL gemahlener Koriander
1 EL Vollmeersalz · maximal 200 g Wasser
3 EL kaltgepreßtes Olivenöl · 4–6 Knoblauchzehen
getrockneter Thymian

Vorteig abends: Das Wasser in eine Schüssel gießen und den Sauerteigansatz mit dem Schneebesen darin verrühren. Das Roggenvollkornmehl dazurühren, die Schüssel mit einer Folie abdecken und bei 28°C mindestens 12 Stunden stehenlassen. Verfahren Sie hier genauso wie bei der Herstellung des Backfermentteiges (siehe Seite 44).

Hauptteig morgens: Vom Vorteig ca. 125 g abnehmen und in einem Schraubglas im Kühlschrank aufbewahren (1–2 Wochen), bis Sie wieder einen Sauerteigansatz benötigen.

Auf den Vorteig geben Sie nun das Roggenvollkornmehl, Salz, Koriander und das Wasser und kneten den Teig ordentlich durch, bis er sich vom Schüsselrand löst. Locker mit einem Tuch oder einer Folie abgedeckt noch einmal 2–3 Stunden an einem 28°C warmen Ort stehenlassen. Inzwischen die Butter schmelzen und die zerdrückten Knoblauchzehen dazurühren. Den gegangenen Teig auf einer leicht bemehlten Arbeitsfläche durchkneten, zu einer Rolle formen und 16 Stücke abschneiden. Aus jedem Stück mit dem Nudelholz einen Fladen von 14 cm Ø auswellen, auf das gefettete Backblech legen, mit der Knoblauchbutter einpinseln und zuletzt mit dem getrockneten Thymian bestreuen. Vor dem Backen soll er noch ein bißchen gehen, der Backofen wird auf 200°C vorgeheizt. Die Backdauer beträgt ca. 35 Minuten bei 200°C Umluft, je nachdem, wieviele Bleche Sie auf einmal in das Rohr geben.

Brote aus Hefeteig

(W) *Früchtebrot*

500 g ungeschwefelte Trockenfrüchte (z. B. Birnen, Äpfel, Feigen, Pflaumen)

3/4 l Wasser · 500 g Vollkornmehl

1/4 l Einweichwasser von den Trockenfrüchten

1 Würfel Hefe · 200 g ungeschwefelte Rosinen

200 g gehackte Cashewkerne · 1 TL Zimt

1 Prise Vollmeersalz · 80 g Birnendicksaft oder Honig

Die Trockenfrüchte über Nacht in 3/4 l kaltem Wasser einweichen.

Das Mehl in eine Schüssel geben, in die Mitte eine Mulde

drücken. Die im Einweichwasser der Trockenfrüchte gelöste Hefe darin mit etwas Mehl zu einem dicklichen Vorteig rühren, mit Mehl bestäuben und zugedeckt 15 Minuten gehen lassen. Die Rosinen mit kochendem Wasser überbrühen, abtropfen lassen. Die eingeweichten Trockenfrüchte abtropfen lassen und im Mixer klein hacken.
Das Backblech oder eine Kastenform einfetten. Nun die restlichen Zutaten zum Vorteig geben und gut verkneten, zugedeckt wieder 45 Minuten gehen lassen. Das Backrohr auf 180°C vorheizen. Den gegangenen Hefeteig kurz durchkneten, formen oder in eine Kastenform geben, mit dem Einweichwasser bestreichen und nochmals kurz aufgehen lassen. Die Backdauer beträgt ca. 60 Minuten. Mit dem Einweichwasser immer wieder mal bestreichen. Zum Auskühlen wird das Früchtebrot auf ein Gitter gelegt und ein letztes Mal mit dem Einweichwasser eingestrichen.

Toastbrot

Für 1 Kastenform:
1 Würfel Hefe · 1/8 l warmes Wasser
250 g Dinkelvollkornmehl · 250 g Weizenvollkornmehl
2 EL Sojamehl · 1/2 TL Vollmeersalz
100 g flüssige Sauerrahmbutter
200 ml Soja oder Sahne-Wasser-Gemisch

Die Hefe im warmen Wasser auflösen. Das Mehl in eine Schüssel geben, in die Mitte eine Vertiefung drücken und die Hefeflüssigkeit einrühren, bis ein dicklicher Brei entsteht. Zugedeckt 15 Minuten gehen lassen. Mit den restlichen Zutaten einen geschmeidigen, festen Hefeteig kneten und nochmals 30–45 Minuten gehen lassen. Ein letztes Mal kräftig kneten, eine Rolle formen und in eine gefettete Kastenform legen, flachdrücken und so lange gehen lassen, bis das $1^1/_2$fache Volumen erreicht ist. Den Backofen auf 220°C vorheizen. Auf der untersten Schiene 25 Minuten backen und weitere 25 Minuten bei 180°C fertigbacken. Aus der Form nehmen, von allen Seiten mit Wasser bepinseln und auf einem Gitter auskühlen lassen.

Tip: Es empfiehlt sich, das Toastbrot erst am nächsten Tag anzuschneiden. Frisch würde es zu sehr bröseln.

Hafer-Kartoffel-Brot

schmeckt herrlich!

250 g gekochte Kartoffeln · 1 TL Vollmeersalz

50 ml kaltgepreßtes Olivenöl · 250 g Haferflocken

1 gehäufter EL Arrowroot, in etwas kaltem Wasser angerührt

20 g Hefe · $^1/_8$ l warmes Wasser

Die geschälten, gekochten, abgekühlten Kartoffeln durch die Kartoffelpresse drücken, Salz, Olivenöl, Haferflocken und das angerührte Arrowroot dazukneten. Zuletzt die im warmen Wasser gelöste Hefe unterkneten. Den Teig zugedeckt mindestens 1 Stunde ruhen lassen.
Den Backofen auf 220°C vorheizen, eine Kastenform fetten. Den Teig noch einmal durchkneten, formen und in die gefettete Kastenform legen. Die Oberfläche mit Wasser bepinseln, Haferflocken darüberstreuen und zugedeckt noch $^1/_2$ Stunde stehenlassen. Die Backzeit beträgt 45–60 Minuten.

Buchweizenbrot – glutenfrei

1 Würfel Hefe · $^1/_4$–$^3/_8$ l warmes Wasser

300 g Buchweizenvollkornmehl · 150 g Hirsemehl

50 g Reismehl · 3 gekochte, zerdrückte Kartoffeln

1 TL Vollmeersalz · 100 g Sonnenblumenkerne

50 g Sesam

Die Hefe im Wasser auflösen. Das Mehl in eine Schüssel geben und das Hefewasser von der Mitte her einrühren, bis ein dicklicher Brei entsteht. Mit Mehl einstäuben und zugedeckt ca. 15 Minuten gehen lassen. Alle restlichen Zutaten kräftig unterkneten, bis sich der Teig vom Schüsselrand löst. Zugedeckt mindestens 1 Stunde ruhen lassen. Je länger, desto lockerer wird das Brot.
Bevor der Teig in die gefettete Form kommt, wird er ein letztes Mal gut geknetet. Nun läßt man ihn so lange gehen, bis er den Backformrand erreicht hat und bäckt ihn dann 60 Minuten bei 200°C im vorgeheizten Backofen. Zum Abkühlen aus der Form auf ein Gitter stürzen und im ausgeschalteten Rohr nachbacken lassen.

Mischbrot – glutenfrei

500 g Mehl-Mix glutenfrei (Reformhaus oder Naturkostladen)

1 Würfel Hefe · $^3/_8$ l warmes Wasser

1 TL Vollmeersalz · 40 g milchfreie Margarine

Das Mehl in eine Schüssel geben und von der Mitte her die im Wasser gelöste Hefe einrühren, die restlichen Zutaten zufügen und unterrühren, den Teig zugedeckt 1 Stunde gehen lassen. Eine Kastenform fetten, den Backofen auf 250°C vorheizen. Den Teig noch einmal durchkneten, in die Kastenform füllen, die Oberfläche mit der Margarine einpinseln und $^1/_2$ Stunde ruhen lassen. Den Backofen auf 200°C herunterschalten und das Brot 60 Minuten backen. Aus der Form nehmen und auf einem Gitter auskühlen lassen.

Tip: Schmeckt frisch am besten! Das Mischbrot eignet sich auch sehr gut zum Toasten.

Haferbrot

schmeckt super!

300 g grobe Haferflocken · 100 g Leinsamen

1 EL Vollmeersalz · 300 g Wasser

500 g Dinkelvollkornmehl · $^1/_4$ l warmes Wasser

1 Würfel Hefe

Die Haferflocken mit dem Leinsamen und dem Salz in einer Schüssel vermischen, das Wasser dazurühren und 15 Minuten quellen lassen.
Die Hefe im warmen Wasser auflösen. Das Mehl in eine Schüssel geben und von der Mitte her die Hefeflüssigkeit einrühren, bis ein dicklicher Brei entsteht. Etwas einstäuben und zugedeckt 15 Minuten gehen lassen. Zum Vorteig gibt man nun die Haferflockenmasse und knetet den Teig so lange durch, bis er sich vom Schüsselrand löst, evtl. müssen Sie noch etwas Wasser hinzufügen, da die Haferflocken doch ziemlich viel Flüssigkeit aufsaugen. Der Teig soll fest, formbar, aber nicht klebrig sein. Zugedeckt noch einmal 1 Stunde gehen lassen. Bevor er in die gefettete Form kommt, wird

er ein letztes Mal kräftig durchgeknetet und in der Form mit nassen Händen glattgestrichen. Lassen Sie ihn jetzt so lange gehen, bis er den oberen Formenrand erreicht hat. Bei 200°C wird das Haferbrot 60–70 Minuten gebacken, aus der Form genommen, eingepinselt und auf dem Backrost bei ausgeschaltetem Herd nachgebacken. Dadurch erhält das Brot eine schöne Kruste.

Tip: Dieses Brot schmeckt frisch, nur mit Butter bestrichen, am besten!

Brote aus Sauerteig

Sauerteig-Mischbrot

FÜR DEN VORTEIG:
125 g Sauerteigansatz (siehe Seite 49)
$^1/_2$ l warmes Wasser · 300 g Roggenvollkornmehl
100 g Dinkelvollkornmehl

Den Sauerteigansatz in das warme Wasser einrühren. Das Mehl in eine genügend große Schüssel geben und das Wasser mit dem Sauerteigansatz von der Mitte her einrühren. Das Backrohr auf 100°C vorheizen. Die Schüssel mit dem Vorteig in Tücher wickeln und in den warmen, aber ausgeschalteten Ofen stellen.
Der Vorteig soll jetzt bei 28–30°C ca. 12 Stunden gären.

Tip: Es ist günstig, wenn Sie den Vorteig am Abend zubereiten und am nächsten Morgen weitermachen. Das Brot können Sie dann frisch zum Abendessen reichen.

Für den Hauptteig:

300 g Roggenvollkornmehl

300 g Dinkelvollkornmehl · 1 EL Vollmeersalz

$^3/_8$ l warmes Wasser

je 1 EL gemahlener Kümmel und Koriander (bei Verträglichkeit)

Am Morgen vom Vorteig ca. 125 g abnehmen. Diese Menge in einem Schraubglas im Kühlschrank aufbewahren. Sie benötigen sie wieder als Sauerteigstarter für das nächste Brot.

Alle restlichen Zutaten zum Vorteig geben und kräftig kneten. Löst sich der Hauptteig vom Schüsselrand, wieder gut zudecken und für ca. 2 Stunden ins warme Backrohr stellen.

Den gegangenen Teig nochmals gut durchkneten und in eine gefettete feuerfeste Form (Sie können auch feuerfeste Keramikschüsseln verwenden) geben. Nun läßt man den Teig wieder zugedeckt stehen, bis er aufgegangen ist.

Inzwischen das Backrohr auf 225°C vorheizen und ein feuerfestes Schüsselchen mit Wasser gefüllt auf den Boden des Backrohres stellen.

Das Brot die ersten 10 Minuten bei 225°C backen und weitere 60 Minuten bei 200°C.

Das fertige Brot auf ein Gitter stürzen, mit Wasser einpinseln und auskühlen lassen. Klopfen sie auf die Unterseite des Brotes. Klingt es hohl, ist das Brot gar.

Roggen-Hirse-Brot (Sauerteig)

FÜR DIE 1. STUFE:

½ l Wasser · 125 g Sauerteigansatz

400 g Roggenvollkornmehl

FÜR DIE 2. STUFE:

200 g Roggenvollkornmehl · 400 g Hirsevollkornmehl

150 g Sonnenblumenkerne · 1 EL Vollmeersalz

ca. 150 g Wasser

Zubereitung wie Grundrezept Sauerteigbrot (siehe Seite 49)
Backtemperatur: 220°C
Backdauer: 60–70 Minuten

Tip: Sie können aus dem Sauerteig auch Semmeln oder Stangen formen, auf ein gefettetes Blech legen, mit Butter bepinseln und nach dem Gehen bei 200°C ca. 25–30 Minuten backen.

Würziges Knoblauchbrot

1 Grundrezept Sauerteig (siehe Seite 49)

ZUSÄTZLICH FÜR DIE 2. STUFE:

3–5 große Knoblauchzehen · 5 EL Olivenöl

Kräuter nach Belieben und Verträglichkeit, z. B. Majoran, Thymian, Salbei

Gehen Sie vor, wie im Grundrezept Sauerteigbrot beschrieben. Die sehr fein gewürfelten Knoblauchzehen werden im Olivenöl angedünstet, die frischen oder getrockneten, etwas zerkleinerten Kräuter zugegeben und abgekühlt, bevor Sie die Masse beim letzten Durchkneten dem Brotteig hinzufügen. Behalten Sie sich von der Knoblauchmasse etwas übrig. Sie können es ca. 20 Minuten vor Ende der Backzeit auf das Brot streichen. Backzeit im vorgeheizten Backofen: 70 Minuten bei 200-220°C.

Würziges Zwiebelbrot

1 Grundrezept Sauerteig (siehe Seite 49)

4 mittlere Zwiebeln · 3 Knoblauchzehen

3–4 EL kaltgepreßtes Olivenöl

1 EL getrockneter Thymian

evtl. 1 EL ganzer Kümmel bei Verträglichkeit

Nach dem Grundrezept ein Sauerteigbrot herstellen. Die gewürfelten Zwiebeln und Knoblauchzehen im Olivenöl anbräunen, würzen und bis zur Verwendung abkühlen lassen. Bevor der Sauerteig ein letztes Mal durchgeknetet wird, geben Sie die Zwiebelmischung dazu und arbeiten den Teig dann lange und kräftig durch. Fahren Sie fort, wie im Grundrezept beschrieben.

Tip: Natürlich können Sie anstatt des Sauerteiges auch einen Backfermentteig verwenden, dem Sie dann die Zwiebelmischung beifügen.

Brote mit Spezial-Backferment

Würziges Knoblauchbrot

1 Grundrezept Backfermentteig (siehe Seite 44)

ZUSÄTZLICH FÜR DIE 2. STUFE:

3–5 große Knoblauchzehen · 5 EL Olivenöl

Kräuter nach Belieben und Verträglichkeit, z. B. Majoran, Thymian, Salbei

Gehen Sie vor wie im Grundrezept Backfermentteig beschrieben. Die sehr fein gewürfelten Knoblauchzehen werden im Olivenöl angedünstet, die frischen oder getrockneten, etwas zerkleinerten Kräuter zugegeben und abgekühlt, bevor Sie die Masse zum letzten Durchkneten in den Brotteig geben. Behalten Sie sich von der Knoblauchmasse etwas übrig. Sie können es ca. 20 Minuten vor Ende der Backzeit auf das Brot streichen. Backzeit im vorgeheizten Backofen: 70 Minuten bei 200–220°C.

Frühstücksbrot – Backfermentteig

Ergibt 3 Brote

FÜR DIE 1. STUFE:

1 l warmes Wasser · 2 TL Sekowa-Backferment

2 TL Sekowa-Grundansatz · 800 g Dinkelvollkornmehl

FÜR DIE 2. STUFE:

500 g Hirsevollkornmehl · 700 g Dinkelvollkornmehl

2 EL Vollmeersalz

100 g gemahlene Mandeln oder Cashewkerne

200 g Kürbiskerne · 1 EL Zimt

ca. 600 ml warmes Wasser

FÜR DIE FORMEN UND ZUM BESTREICHEN:

etwas Sauerrahmbutter

1. Stufe abends: Das warme Wasser in eine große Schüssel gießen und das Backferment sowie den Grundansatz mit dem Schneebesen einrühren, bis sich alles aufgelöst hat. Nun das Dinkelvollkornmehl einrühren, die Schüssel mit einer Folie gut abdecken und mindestens 12 Stunden warm stellen (28°C). Es ist günstig, wenn Sie die Schüssel in den Backofen stellen und eine Lampe mit einer 25-Watt-Birne angeschaltet mit hineinlegen.
2. Stufe: Am nächsten Morgen alle restlichen Zutaten zum Vorteig geben und den Teig so lange durchkneten, bis er sich vom Schüsselrand löst. Je intensiver Sie kneten, desto lockerer wird das Brot. Diesen Teig decken Sie mit der Folie ab und stellen ihn für 2–3 Stunden in den 28°C warmen Ofen.
Hat der Teig fast das doppelte Volumen erreicht, wird er nochmals kräftig durchgeknetet und auf der Arbeitsplatte in

3 Teile geteilt. Jedes Teil gut durchkneten, formen und in eine gefettete Backform legen. Mit nassen Händen die Oberfläche glattstreichen, mit der zerlassenen Butter einpinseln und Haferflocken obenauf streuen, die Sie leicht andrücken müssen. Die Formen noch einmal in den warmen Ofen stellen und warten, bis das Brot gut aufgegangen ist. Backen anfangs bei 225°C ca. 10 Minuten und bei 200°C in 60 Minuten fertigbacken. Vergessen Sie nicht, den Backofen vorzuheizen und ein Schälchen mit Wasser unten hineinzustellen. Nach der Backzeit die Brote unbedingt aus der Form nehmen, auf den Gitterrost legen, mit Wasser einpinseln und wieder in den offenen Backofen schieben. Mit der Restwärme wird das Brot rundherum schön knusprig. Wenn das Brot genügend abgekühlt ist, können Sie einen Teil einfrieren.

Hartweizenbrot

Ergibt ca. 3 Kastenformen

FÜR DIE 1. STUFE ABENDS:

1 l warmes Wasser · 1 TL Sekowa-Backferment

1 TL Sekowa-Grundansatz

750 g Hartweizenvollkornmehl

250 g Buchweizenmehl

FÜR DIE 2. STUFE MORGENS:

250 g Buchweizenmehl · 750 g Dinkelvollkornmehl

2 EL Vollmeersalz · 125 g Sesam

maximal 750 g warmes Wasser

Das Wasser in eine Schüssel gießen und das Sekowa-Backferment mit dem Grundansatz darin auflösen. Das Mehl da-

zurühren, mit einer Folie abdecken und bei 28°C mindestens 12 Stunden stehenlassen. Lesen Sie dazu unbedingt im Grundrezept Backfermentteig (siehe Seite 44) nach.
Am nächsten Morgen die restlichen Zutaten zum Vorteig geben und so lange durchkneten, bis sich der Teig vom Schüsselrand löst und von fester Beschaffenheit ist. Decken Sie nun den Hauptteig wieder mit einer Folie ab und stellen ihn für 2–3 Stunden in den 28°C warmen Backofen. Anschließend wird der Teig ein letztes Mal kräftig durchgeschlagen, auf einer gefetteten Arbeitsfläche in 3 gleichmäßige Stücke geteilt und von Hand zu einer Rolle geknetet. Die Teigrollen nun in die gefettete Kastenform legen, mit zerlassener Butter oder mit Wasser bepinseln und zugedeckt stehenlassen, bis sie wieder zur Hälfte aufgegangen sind.
Die Brote werden nun bei 200–225°C ca. 70 Minuten gebacken.

Kürbisbrot – Backfermentteig

Für die 1. Stufe abends:
1/2 l warmes Wasser
je 1 TL Sekowa-Backferment und Sekowa-Grundansatz
300 g Dinkelvollkornmehl
100 g Hartweizenvollkornmehl

Abends: Aus den angegebenen Zutaten den Vorteig rühren, wie im Grundrezept Backfermentteig (siehe Seite 44) beschrieben. Mindestens 12 Stunden zugedeckt bei 28°C stehenlassen.

2. Stufe morgens:
300 g Dinkelvollkornmehl
300 g Hartweizenvollkornmehl · 1 EL Vollmeersalz
150 g ganze Kürbiskerne · $^1/_4$ l Wasser

Morgens: Alle restlichen Zutaten zum Vorteig kneten und vorgehen, wie im Grundrezept Backfermentteig beschrieben. Das Brot wird bei einer Temperatur von 200°C etwa 70 Minuten gebacken.

Möhrenbrot – Backfermentteig

Für die 1. Stufe:
500 g warmes Wasser
je 1 TL Sekowa-Backferment und Sekowa-Grundansatz
400 g Dinkelvollkornmehl
Für die 2. Stufe:
500 g Dinkelvollkornmehl
100 g Buchweizenvollkornmehl · gut 1 EL Vollmeersalz
250 g geraspelte Möhren
100 g geröstete Sonnenblumenkerne
$^1/_4$ l warmes Wasser

Zubereitung nach Grundrezept Backfermentteig für Brotteige (siehe Seite 44).
Backtemperatur: 200°C
Backdauer: 70 Minuten

Dreikornbrot würzig

Ergibt 3 Kastenformen
Für den Backfermentteig 1. Stufe abends:
1 l warmes Wasser
je 2 TL Sekowa-Backferment und Sekowa-Grundansatz
300 g Weizenvollkornmehl · 500 g Dinkelvollkornmehl
Für die 2. Stufe morgens:
450 g Weizenvollkornmehl · 250 g Dinkelvollkornmehl
500 g Hirsemehl · 2 EL Vollmeersalz
200 g Leinsamen
je 1 EL gemahlener Koriander und Kümmel bei Verträglichkeit
600–800 g warmes Wasser

1. Stufe: Das Wasser in eine Schüssel gießen und das Sekowa-Backferment sowie den Grundansatz darin auflösen. Das gemahlene Getreide hinzufügen und gut durchrühren. Mit einer Folie abdecken und bei 28°C mindestens 12 Stunden stehenlassen. Nähere Angaben hierzu finden Sie im Grundrezept Backfermentteig (siehe Seite 44).
2. Stufe: Auf den Vorteig die restlichen Zutaten geben und alles sehr gründlich verkneten. Dieser Hauptteig wird wieder mit Folie abgedeckt und 2–3 Stunden bei 28°C warm gestellt. Bevor der Teig in die gefettete Kastenformen kommt, sollte er ein letztes Mal gut durchgeknetet werden. Den Teig auf einer gefetteten Arbeitsfläche in 3 Teile teilen und aus jedem Teil eine längliche Rolle kneten, die in die jeweilige Kastenform paßt. Den Teig in die Form einlegen, mit feuchten Händen etwas glattdrücken und nochmals 1 Stunde gehen lassen. Inzwischen den Backofen auf 220°C vorheizen und ein Schälchen mit Wasser auf den Backofenboden stellen. Back-

zeit: 70 Minuten. Die Brote nach dem Backen aus der Form nehmen, mit Wasser einpinseln und auf einem Gitter im ausgeschalteten Backrohr nachbacken lassen.

Tip: Die Brote, die Sie nicht sofort benötigen, können Sie sehr gut einfrieren.

Grünkernbrot pikant (Backfermentteig)

1. Stufe abends:

400 g warmes Wasser

1 gehäufter TL Sekowa-Backferment

1 gehäufter TL Sekowa-Grundansatz

250 g Grünkernmehl · 150 g Dinkelvollkornmehl

2. Stufe morgens:

250 g Grünkernmehl · 350 g Dinkelvollkornmehl

1 EL Vollmeersalz oder Kräutersalz

100 g geröstete Sonnenblumenkerne

$^{1}/_{4}$–$^{3}/_{8}$ l warmes Wasser

1. Stufe: Das Wasser in eine Schüssel gießen und das Backferment mit dem Grundansatz darin auflösen. Das frisch gemahlene Mehl unterrühren, mit Folie abdecken und 12 Stunden bei 28°C warm stellen, siehe Grundrezept Backfermentteig (siehe Seite 44).
2. Stufe: Zu dem über Nacht gestandenen Teigansatz nun die restlichen Zutaten hinzufügen und alles sehr gründlich verkneten, bis sich der Teig vom Schüsselrand löst. Mit Folie abdecken und bei 28°C 1–2 Stunden gehen lassen. Den Backofen auf 220°C vorheizen, die Brotbackform einfetten.

Der aufgegangene Brotteig wird nun auf leicht bemehlter Arbeitsfläche durchgeknetet, in die Form gelegt, mit nassen Händen glattgedrückt und wieder 1 Stunde zugedeckt warm gestellt. Die Backdauer beträgt bei 220°C 70 Minuten. Ein Schälchen mit kochendem Wasser auf den Backofenboden stellen. Zum Abkühlen wird das gebackene Brot aus der Form genommen, mit Wasser eingepinselt und auf dem Gitter im ausgeschalteten Backrohr nachgebacken. Das Brot erhält dadurch an allen Seiten eine schöne Kruste.

Hirsebrot – glutenfrei

1. STUFE ABENDS:

200 g Hirse · 400 ml Wasser · ¼ l warmes Wasser

je 1 TL Sekowa-Backferment und Sekowa-Grundansatz (beide glutenfrei)

350 g Hirsemehl · 50 g Maismehl

2. STUFE MORGENS:

Hirsebrei vom Vorabend · 1 EL Vollmeersalz

150 g geröstete Sonnenblumenkerne · 2 EL Arrowroot

4 EL kaltes Wasser · 1 EL gemahlener Kümmel

evtl. maximal 50 g Reismehl

ZUM BESTREICHEN:

Sauerrahmbutter

Abends: Die ganze Hirse mit dem Wasser in einem Topf zum Kochen bringen und auf ausgeschalteter Herdplatte garziehen lassen.

Das warme Wasser in eine Schüssel gießen und das Backfer-

ment mit dem Grundansatz darin auflösen. Das Hirse- und Maismehl dazurühren und mit einer Folie abgedeckt mindestens 12 Stunden bei 28°C warm stellen (siehe Grundrezept Backfermentteig, Seite 44).
Morgens: Zum gegangenen Vorteig den Hirsebrei, das angerührte Arrowroot und die restlichen Zutaten geben und den Teig ordentlich durchkneten, bis er gut bündig ist. Da Hirse ein eher trockenes Brot macht, empfiehlt es sich, den Teig feuchter zu halten. Der Teigkloß löst sich also nicht vom Schüsselrand. Zugedeckt bei 28°C gehen lassen, bis er eine gute Lockerung aufweist. Den Teig ein letztes Mal durchkneten, in eine gefettete Backform geben, mit nassen Händen glattdrücken, zudecken und wieder etwas aufgehen lassen. Den Backofen auf 220°C vorheizen und ein Schälchen mit Wasser auf den Backofenboden stellen. Das gegangene Brot mit zerlassener Butter einpinseln und ca. 60–70 Minuten backen. Aus der Form nehmen, mit Wasser einpinseln und auf einem Gitter abkühlen lassen. Ich mache dies immer im ausgeschalteten, leicht geöffneten Backrohr. Dadurch wird das Brot rundherum schön knusprig.

Buchweizenbrot – Backfermentteig

Für den Vorteig abends (1. Stufe):
400 ml warmes Wasser · 1 TL Sekowa-Backferment
1 TL Sekowa-Grundansatz
500 g Buchweizenvollkornmehl
100 g Dinkelvollkornmehl
Für den Hauptteig morgens (2. Stufe):
400 g Dinkelvollkornmehl · 1 EL Vollmeersalz
200 g Leinsamen · 300–400 g warmes Wasser
Zum Bestreichen:
Sauerrahmbutter

Das Wasser in eine Schüssel gießen und die Sekowa-Zutaten mit dem Schneebesen gut darin verquirlen. Das Mehl unterrühren, die Schüssel mit einer Folie abdecken und für mindestens 12 Stunden bei 28°C warm stellen. Nähere Hinweise hierzu im Grundrezept Backfermentteig (siehe Seite 44). Zum Vorteig nun die restlichen Zutaten kneten, bis sich der Teig vom Schüsselrand löst. Mit der Folie abgedeckt nochmals 2–3 Stunden bei 28°C warm stellen. Den gegangenen Hauptteig ein letztes Mal kneten und in die gefettete Backform geben, die Oberfläche mit nassen Händen glattstreichen und mit zerlassener Butter bestreichen. Den Teig in der Form wieder halb so hoch aufgehen lassen. Den Ofen auf 225°C vorheizen und ein Schälchen mit Wasser ins Backrohr stellen. Backzeit: 15 Minuten bei 225°C und 60 Minuten bei 200°C. Das Brot aus der Form nehmen, mit Wasser einpinseln und auf dem Gitterrost im ausgeschalteten Rohr nachbacken lassen.

Brote mit Backpulver

Hartweizenbrot – Backpulverteig

Für abends:
$^3/_8$ l warmes Wasser
$^1/_8$ l Sauerkrautsaft (Saft von frischem Sauerkraut oder milchsaurer Saft von eingelegten Gurken)
300 g Hartweizenvollkornmehl
100 g Dinkelvollkornmehl
Für morgens:
200 g Hartweizenvollkornmehl
400 g Dinkelvollkornmehl · 1 EL Vollmeersalz
je 1 EL gemahlener Kümmel und Koriander
50 g Leinsamen · maximal 300 ml Mineralwasser
$^1/_2$ Päckchen Weinstein-Backpulver

Abends: Das Vollkornmehl in der Flüssigkeit verrühren, die Schüssel mit einer Folie abdecken und bei 28°C mindestens 12 Stunden stehenlassen (siehe auch Grundrezept Backfermentteig, Seite 44).
Morgens: Die restlichen Zutaten bis auf das Backpulver zum Vorteig geben und alles kräftig durchkneten. Den Teig mit einer Folie abgedeckt noch einmal 2–3 Stunden bei 28°C stehenlassen. Den Backofen auf 200°C vorheizen, ein Schälchen mit Wasser auf den Backofenboden stellen und die Backform gut einfetten. Den Brotteig ein letztes Mal durchkneten, dabei das Backpulver unterkneten. Den Teig in die gefettete Form geben, mit nassen Händen glattdrücken, in der Mitte mit einem Messer einschneiden, sofort backen. Die Backdauer be-

trägt 70 Minuten. Das fertige Brot zum Auskühlen aus der Form nehmen und auf ein Gitter legen.

Tip: Dieses Brot ist für Personen geeignet, die weder Hefe, noch Sauerteig (Roggen), noch Backfermentteig (Honig) vertragen.

Hefefreies Dinkelvollkornbrot

500 g Dinkelvollkornmehl

1/8 l Sauerkrautsaft oder ähnliches, z. B. der Saft von milchsauer eingelegten Gurken

1/4 l Wasser · 100 g geröstete Sonnenblumenkerne

50 g Sesam · 1 gehäufter TL Vollmeersalz

je 1 TL gemahlener Koriander und Kümmel nach Verträglichkeit

1/2 Päckchen Weinstein-Backpulver

Das Mehl in eine Schüssel geben und den Sauerkrautsaft mit dem Wasser verrühren. Die Schüssel mit einer Folie abdecken und 3–4 Stunden an einem warmen Ort stehenlassen, z. B. im Backrohr mit einer 28-Watt-Klemmleuchte.

Die restlichen Zutaten bis auf das Backpulver unterkneten und wieder zugedeckt für 1 Stunde warm stellen. Den Backofen auf 200°C vorheizen und eine Kastenform einfetten. Das Backpulver unter den Teig kneten, den Teig sofort in die Kastenform geben, mit nassen Händen etwas glattstreichen und 60 Minuten backen. Aus der Form nehmen, mit Wasser einpinseln und auf dem Rost auskühlen lassen.

Tip: Dieses Brot ist für Personen geeignet, die weder Hefe, noch Sauerteig (Roggen), noch Backfermentteig (Honig) vertragen.

Adressen, die weiterhelfen:

Bundesverband Neurodermitis-
kranker in Deutschland e.V.
Sabelstr. 39
56154 Boppard 1
Tel.: 06742/2598

Allergiker- und
Asthmatikerbund e.V.
Hindenburgstr. 110
41061 Mönchengladbach 1
Tel.: 02161/183024

Arbeitsgemeinschaft
allergiekrankes Kind e.V.
Hauptstr. 29
35745 Herborn
Tel.: 02772/41237

Deutscher Neurodermitiker
Bund e.V.
Mozartstr. 11
22083 Hamburg
Tel.: 040/2205757

Gesellschaft für Angewandte
und Experimentelle
Allergieforschung mbH
Postfach
41061 Mönchengladbach 1
Tel.: 02161/819310

Diese Organisation erstellt u. a. Schadstoff- und Allergenanalysen in Wohn- und Arbeitsräumen.

Institut für Baubiologie und
Ökologie
Holzham 25
83115 Neubeuern
Tel.: 08035/2039

Therapiezentrum »Schwelmer
Modell«
Hauptstr. 165
58332 Schwelm
Tel.: 02336/18997

Deutsche Stiftung für
Psoriasis- und Neurodermitis-
forschung e.V.
Fontanestr. 14
53173 Bonn-Bad Godesberg
Tel.: 0228/351091

Kliniken

Fachklinik Schloß Friedensburg
Chefarzt:
Dr. med. R. Schimshoni
07338 Leutenberg
Tel.: 036734/80-0
Fax: 036734/22362

Hof Bellevue
Chefarzt: Dr. med. P. Liffler
23769 Westfehmarn
Tel.: 04372/99700 oder 997010
Fax: 04372/997080

Kinderkrankenhaus
Gelsenkirchen-Buer
Chefarzt:
Prof. Dr. med. E. A. Stemmann
45892 Gelsenkirchen-Buer
Tel.: 0209/369220
Fax: 0209/369200

Vitalklinik Michelbach-Alzenau
Chefärztin:
Dr. med. A. Predescu
63755 Michelbach-Alzenau
Tel.: 06023/50590
Fax: 06023/505910

Schwarzwald-Klinik
VS-Villingen
Chefärztin:
Dr. med. Helga Löhnitz
78048 VS-Villingen
Tel.: 07721/8090
Fax: 07721/809162

Klinik Friedborn
Leitender Arzt:
Dr. med. H.-P. Friedrichsen
79705 Bad Säckingen
Tel.: 07765/240 oder 570
Fax: 07765/8330

Klinik Roseneck
Ärztlicher Direktor:
Prof. Dr. med. M. Fichter
83209 Prien a. Ch.
Tel.: 08051/6010
Fax: 08051/601532

Spezialklinik Höhenkirchen
Chefarzt:
Dr. med. M. Gaisbauer
85635 Höhenkirchen
Tel.: 08102/8930
Fax: 08102/89384

Spezialklinik
Neukirchen/b. Hl. Blut
Klinikleiter:
Dr. rer. nat. G. Ionescu
Ärztlicher Direktor:
Prof. Dr. med. D. Mücke
93453 Neukirchen/b. Hl. Blut
Tel.: 09947/280
Fax: 09947/28109

Klinik Sonnenhof
Chefarzt:
Dr. med. W. Gudat
94249 Bodenmais
Tel.: 09924/7710
Fax: 09924/771499

Ärzte

Dr. med. A. Holena
25421 Pinneberg
Tel.: 04101/66700

Dr. med. K. Rabe
25917 Leck
Tel.: 04662/3001

Dr. med. M. Fieber
35578 Wetzlar
Tel.: 06441/45221

Frau Anne Sparenborg
Ärztin f. klassische
Homöopathie
35753 Greifenstein-Holzhausen
Tel.: 06478/679

Dipl.-Med. Christian Albrecht
37431 Bad Lauterberg
Tel.: 05524/3617

Dr. med. P. Scholz
37170 Uslar
Tel.: 05571/914051

Dr. med. W. Lobeck
(Neuraltherapie)
45966 Gladbeck-Zweckel
Tel.: 02043/59666

Dr. med. Reinhard Winter
48291 Telgte
Tel.: 02504/5017

Dr. med. Wolfram Illing
53332 Bornheim
Tel.: 02222/63001

Dr. med. R. Schirmohammadi
Chefarzt
St.-Antonius-Krankenhaus
53937 Schleiden
Tel.: 02445/870

Frau Dr. med. Helge Dhonau-Hermberg
55566 Sobernheim
Tel.: 06751/5545

Dr. med. Rudolf Helling
59071 Hamm
Tel.: 02381/986582

Frau Dr. med. Sylvia Franz
63128 Dietzenbach
Tel.: 06074/26914

Dr. med. B. Frederich
64283 Darmstadt
Tel.: 06151/33317

Dr. med. Eberhardt
66111 Saarbrücken
Tel.: 0681/36303

Dr. med. Helmut Etti
66663 Merzig
Tel.: 06861/7111

Dr. Schmid
66849 Landstuhl
Tel.: 06371/3088

Dr. med. Horst Kief
67069 Ludwigshafen/Rhein
Tel.: 0621/662500

Frau Dr. med. Sigrid Flade
83700 Rottach-Weißach
Tel.: 08022/26074

Dr. Diego Huber-Petersen
36129 Gersfeld

Frau Dr. med. Riedel
86152 Augsburg
Tel.: 0821/518575

Dr. med. Michael Worlitschek
Prakt. Arzt – Naturheilverfahren
94065 Waldkirchen
Tel.: 08581/1001

Heilpraktiker

HP G. Paulos
20146 Hamburg
Tel.: 040/446879

HP M. Trojan
(Neuraltherapie)
27619 Schiffdorf
Tel.: 0471/86965

HP Hans Höting
28279 Bremen
Tel.: 0421/825677

HP Fr. Hilde Krumholz-Stielow
56567 Neuwied
Tel.: 02631/73051

HP M. Eisert
63739 Aschaffenburg
Tel.: 06021/20618

HP Udo Lamek
76829 Landau
Tel.: 06341/80484

HP Wolfgang Spiller
78050 VS-Villingen
Tel.: 07721/4503

HP J. König
87600 Kaufbeuren
Tel.: 08341/81107

HP Retlaw Hüttemann
94161 Ruderting
Tel.: 08509/870

Register nach Sachgruppen

Grundrezepte

Kuchen und Torten süß

Kuchen und Torten pikant

Kleingebäck süß

Kleingebäck pikant

Konfekt und Glasuren

Aus der Brotbackstube

Semmeln, Brezen, Knäckebrot

Fladen

Brote aus Hefeteig

Brote aus Sauerteig

Brote mit Spezial-Backferment

Alphabetisches Register

L

M

O